GERHARD VON KAPFF

Abenteuer für Vater und Sohn

D1705007

GERHARD VON KAPFF

Abenteuer für Vater und Sohn

Unvergessliche Erlebnistouren
in Bayern

Mit 66 Abbildungen und
6 Übersichtskarten

Fotos und redaktionelle
Mitarbeit: Sibylle von Kapff

terra magica

Inhalt

Vorwort

»Die höchste Form des Glücks ist ein Leben mit einem gewissen Grad an Verrücktheit.«
Erasmus von Rotterdam

»Es waren die besten Tage meines Lebens«, sagte Felix nach einer unserer ersten Touren. Nicht zu mir, seinem Vater, denn das hätte ein bisschen weniger gezählt. Sondern zu seinem Bruder Lukas, der ihn fragte, wie es denn gewesen sei. Für mich war dieser Satz ein Geschenk: Denn spätestens jetzt hatte ich verstanden, dass Vater und Sohn bei nichts anderem so sehr zusammenwachsen wie einem gemeinsamen Abenteuer.

Es wurde mir klar, dass nicht irgendwann, sondern genau jetzt der richtige Zeitpunkt ist, ganz bewusst und nur zu zweit etwas zu unternehmen. Zusammen mit dem eigenen Sohn etwas Außergewöhnliches zu erleben und ihm ganz nebenher ein paar Anregungen zu geben, die sein Leben ein bisschen reicher machen.

Vielleicht kennen Sie diesen Satz: »Eigentlich müssten wir zwei mal …« Gut möglich, dass Sie nur auf den richtigen Anlass gewartet haben. Oder jetzt etwas nachholen wollen, bevor es zu spät ist. Glauben Sie mir, auch ich kenne diese Gedanken sehr gut. Ich würde mich daher freuen, wenn dieses Buch für möglichst viele Väter und Söhne die Initialzündung für spannende Abenteuer zu zweit wäre. Für Männertouren halt, etwas ganz Besonderes.

Zwölf unserer schönsten und spannendsten Touren verrate ich Ihnen in diesem Buch. Ein paar davon sind echte

Geheimtipps, Sie werden bereits beim Lesen sehr schnell spüren, welche es sind. Auf jeden Fall hoffe ich, dass Sie sich inspirieren lassen, die eine oder andere Idee zu verwirklichen. Egal, ob Sie das Buch selbst gekauft oder als Geschenk von Ihrer Frau oder – der Wink mit dem Zaunpfahl – sogar von Ihrem Sohn erhalten haben. Vielleicht auch andersherum: Schenken Sie es Ihrem Sohn und streichen die Touren an, die Sie mit ihm machen wollen.

Also packen Sie es an, schmökern Sie, amüsieren Sie sich über unsere kuriosen Erlebnisse und stellen Sie gemeinsam mit mir fest, dass die eine oder andere Tour für mich vielleicht lehrreicher war als für meine Jungs. Vor allem aber lassen Sie sich anstecken von diesen spannenden, lustigen, mitunter ein bisschen verrückten Abenteuern. Ganz egal, ob Sie die Touren genauso machen wie wir, an Ihre eigenen Bedürfnisse und Wünsche anpassen oder dieses Buch einfach als Ideenpool verwenden. Wichtig ist nur eines: Schaffen Sie gemeinsame Erinnerungen, von denen Ihr Sohn noch lange erzählen wird. Vielleicht sogar als alter Mann noch, mit dem Enkel auf den Knien und einem wissenden Lächeln um die Lippen: »War schon ziemlich cool, mein Vater. Und jetzt erzähle ich dir, wie wir zwei damals …«

Ihr
Gerhard von Kapff

PS: Wenn Sie wollen, hinterlassen Sie nach Ihren eigenen Vater-Sohn-Abenteuern ein paar Zeilen auf meiner Homepage und verraten, wie es war. Ich würde mich freuen. www.vater-sohn-abenteuer.de

Dinosauriern auf der Spur –
der Altmühl-
Panoramaweg

Fauchend streckt er uns seinen fleischigen Schädel entgegen, spitze Fangzähne lassen ahnen, was seinen Opfern droht. Zehn Meter ist der gefürchtete Allosaurus lang und er steht uns im Altmühltal direkt gegenüber. Etwas gruslig ist der Dinosaurier schon, aber Felix ist trotzdem begeistert. Wenn Ihr Sohn ein bisschen wanderfaul ist, ist diese Tour genau das Richtige, um ihn ein wenig aus der Reserve zu locken. Konkret sieht das so aus: Sie wandern, er dagegen sucht im Steinbruch nach Dinos, findet den Archaeopteryx, wird mit einer Burgbesichtigung sowie einer Pizza oder Hamburgern belohnt – und wandert trotzdem 16 Kilometer.

CHARAKTERISTIK
Leichte, aber lange Wanderung mit kurzen Steigungen.
DAUER
Reine Wanderzeit fünf Stunden (Länge: 15,9 Kilometer, Höhenmeter: 810); als Tagesausflug oder mit Übernachtung möglich.
ALTER
Ab 6 Jahre.
BESTE MONATE
Mai bis September.

UMGEBUNG ★ ★ ★ ★
AUFWAND ★ ★
SPORTLICHER ANSPRUCH ★ ★ ★
TEAMBUILDING ★ ★ ★

»Fossilien zu klopfen ist ziemlich cool, weil man eigentlich immer etwas wie eine versteinerte Schnecke oder einen Fisch findet.«

Diese Tour führt einen ganz besonders schönen Abschnitt des gut 200 Kilometer langen Altmühltal-Panoramaweges entlang. Das hat den Vorteil, dass Kartenmaterial eigentlich unnötig ist. Der Weg ist gut beschrieben, überall stehen Schilder mit dem prägnanten Symbol des Weitwanderweges oder es kleben Markierungen an den Felsen. Einfach diesen Hinweisen folgen und, wenigstens dieses eine Mal, die männliche Intuition – »Eigentlich müsste es doch jetzt hier links nach oben gehen« – ignorieren.

Felix und ich schlendern vom Bahnhof aus in Richtung der Ortsmitte Dollnsteins und laufen nördlich über die Altmühlbrücke. Immer das Wichtigste an einer Vater-Sohn-Tour im Auge: die Brotzeit. Die darf, wenn die Mama nicht dabei ist, auch mal ein wenig süßer ausfallen. Nicht zu übersehen ist der große Supermarkt mit seiner kleinen Bäckerei auf der linken Straßenseite, in der an guten Tagen ganz ausgezeichnete Granatsplitter lauern. Einer wird gleich gegessen, der zweite als Brotzeit mitgenommen. Mehr brauchen zwei Männer nicht. Meine Frau Sibylle würde jetzt sagen: »Reicht euch das wirklich?«, »Ihr braucht was Richtiges« oder »Der wird sicher weich und zerbazt dann«. Recht hat sie! Aber es geht hier nicht um Rationalität, sondern um eine Männertour. Was vernünftig gewesen wäre,

wird später entschieden. Nur mit einem Argument würde sie uns überzeugen: »Nehmt euch etwas zu trinken mit.« Also gibt es ein Bier für mich und ein Spezi für Felix. »Schmeckt sicher super zum Granatsplitter«, wäre ihr finaler Kommentar. Egal, jetzt aber los!

Immer wieder wird der Panoramaweg zum schönsten Wanderweg Deutschlands gekürt – und zwar nicht von Marketingexperten, sondern von ganz normalen Wanderern oder Wandermagazinen. Die Attraktivität des Weges ergibt sich zum einen aus der gemütlich dahinfließenden Altmühl und zum anderen aus den teils hohen Hängen des Urdonautales. Wer weit oben steht und auf das sattgrüne Tal hinuntersieht, kann sich nur schwer vorstellen, fast am Grund eines subtropischen Unterwasserparadieses zu stehen. Das befand sich genau hier vor 150 Millionen

Jahren in einem flachen, warmen Meer. Die Felsen, auf denen wir jetzt wandern, sind nichts anderes als die kalkhaltigen Ablagerungen dieses Urmeeres.

Ein anderes Bild ist leichter vorstellbar: die Urdonau. Der gewaltige Strom, von dem heute nur die Altmühl geblieben ist, fräste dieses breite Tal aus dem Kalk. Schon als Kind hat mich der Gedanke fasziniert, wie ein Fluss aussehen muss, der sich bis zu 800 Meter breit über dieses Tal erstreckt und bei einem Gewitter wild tobend in Richtung Osten strömt. Das ist fast ein bisschen gruslig – und schon ist man wieder froh, heute das am langsamsten fließende Flüsschen Europas vor Augen zu haben. Abgesehen davon, dass wir, wenn wir jetzt die Kletterfelsen Dollnsteins auf dem Wanderweg im Talgrund passieren, ansonsten gut 50 Meter unter Wasser wären.

Kletterer sind fast immer auf den bleichen Felsen, die schon am Ausgangspunkt in Dollnstein nicht zu übersehen sind, unterwegs, und darum bietet sich, kaum dass wir losgegangen sind, schon wieder eine Pause an. Es ist faszinierend, wie sich die Sportler spinnengleich langsam die Wände nach oben schieben, ihre Seile oder Karabiner immer wieder einhaken und mühsam einen geeigneten Weg suchen. Vielleicht eine ganz gute Idee für den nächsten Vater-Sohn-Ausflug?

Es ist ein ruhiger, selbst am Wochenende fast einsamer Weg von Dollnstein in Richtung Eichstätt. Mitunter steigt er auf halbe Talhöhe an, bleibt aber mit Ausnahme von kurzen Waldpassagen in der Nähe der Altmühl. Weil wir Zeit haben, da nichts drängt oder zur Eile zwingt, bleiben wir immer wieder stehen. Wir bewundern die Aussicht auf Dollnstein oder setzen uns einfach auf die Wiese und beobachten ein paar Kanu-Wanderer, die mit ihren Booten ob der vielen Windungen der Altmühl meist gar nicht viel schneller sind als wir.

Eine gute halbe Stunde nach Breitenfurt, das ein Stück unterhalb der Gehstrecke liegt, steht rechts an der Altmühl ein so gar nicht ins sattgrüne Landschaftsbild passender weißer Imbisswagen. Am Wochenende, wenn es Sommer ist und kein Regenschauer ansteht, werden hier Würstl gebraten, es gibt Schnitzel und hinterher ganz ausgezeichnete, selbst gebackene Kuchen.

Unerwartet geht es jetzt steil bergauf. Ein schmales Weglein führt ans ehemalige Ufer der Urdonau, hoch über dem Tal. Das dauert nicht lang und ist offen gesagt eher für mich als für Felix eine tatsächliche Anstrengung. Nur nichts anmerken lassen, einfach nach oben und sich dann auf die

Bank plumpsen lassen. Keine Angst, sie werden hier immer einen Platz finden, notfalls auch mit gut 100 anderen Wanderern. Die längste aus einem Stück gefertigte Holzbank Deutschlands, vielleicht sogar Europas, nein, wahrscheinlich sogar der ganzen Welt, steht hier. Ganz sicher jedenfalls ist sie 36,5 Meter lang. Wie so oft sind Kinder und Erwachsene aus ganz anderen Gründen beeindruckt: Felix gefällt die Bank, eben weil sie so lang ist, und mir, weil genau von dieser Bank aus der Blick ganz einfach wunderschön ist. Wem bis dahin noch nicht klar ist, warum

dieser Weg Altmühltal-Panoramaweg heißt, der versteht es spätestens jetzt.

Wer möchte, kann sich nun kurz vom vorgesehenen Weg abwenden und nicht der Beschilderung nach rechts folgen, sondern ein paar Hundert Meter nach links gehen. An schönen Tagen starten hier Gleitschirmflieger und lassen sich von der Thermik hoch in den Himmel heben.

Zurück auf dem Hauptweg, stehen die nächsten Highlights an: Versteinerungen anschauen und dann selbst Dinos und Fossilien aus den Steinplatten klopfen. Das kleine Museum Bergér ist nicht ganz einfach zu finden. Ein paar Minuten nach der rekordverdächtigen Bank zweigt der Weg zum Steinbruch nach rechts ab, links dagegen geht es zu dem sehenswerten Museum. Lassen Sie sich nicht täuschen, einfach hinein in das Gewirr aus landwirtschaftlichen Gebäuden, Pferdeställen, Juramarmorproduktion und bäuerlichen Wohngebäuden des Gutes Harthof. Vielleicht zehn Meter nach den Produktionsstätten öffnet sich rechts ein kleines Gässchen in Richtung Osten und eines großen Innenhofes. Dort angekommen laufen Sie geradeaus auf einen Museumsshop zu und in dem Gebäude links ist das Museum untergebracht.

Mit etwas Glück ist der Chef selbst da. Georg Bergér, der Vorsitzende des Trägervereines des Museums, zeigt und erklärt mit so großer Begeisterung die im Museum ausgestellten Versteinerungen, dass man am liebsten sofort den nächsten Fossiliensteinbruch stürmen möchte. Vor allem

stellt er Felix in Aussicht, dass er, falls er tatsächlich einen Dino freiklopfen sollte, diesen auch mitnehmen darf. Grundsätzlich zumindest: »Er darf nur den Wert von 5000 Euro nicht übersteigen. Wenn dein Dino aber mehr wert ist, kaufen wir ihn dir ab.« Bergér verrät auch, dass ein Sammler kürzlich eine richtig große Versteinerung gefunden hat. Einen Ichthyosaurier, insgesamt zwei Meter lang. Meist allerdings kommen nur Rochen, Haie, große und kleine Fische, Ammoniten und Haarsterne ans Tageslicht. Wenn auch nicht täglich, versteht sich.

Dann zeigt Bergér auf einen Stein, auf dem sich etwas befindet, das wie eine Ansammlung von versteinerten Regenwürmern aussieht: »So etwas findest du auf jeden Fall. Das gibt es hier überall.« Felix ist beeindruckt: »Und was ist das?« Bergér lacht: »Das ist nichts anderes als Tintenfischkacke.«

Wie praktisch, dass der Steinbruch nur ein paar Gehminuten entfernt und schon von Weitem zu sehen ist. Denn ein lebensgroßer Raubsaurier, der gefürchtete Allosaurus, streckt uns sein gefräßiges Maul entgegen. Sogar die Dimensionen dürften in etwa stimmen. Die Hüfthöhe

beträgt gut vier Meter und die Länge mehr als zehn Meter. Da er allerdings aus Kunststoff ist und nur den Eingang zum Steinbruch markiert, wagen wir uns näher. Nun hören wir auch schon ein beständiges Klopfen aus der Senke. Es sind bereits ein paar Besucher da, die mit Hammer und Meißel auf der Suche nach Sensationen sind. Wir natürlich auch. Schließlich hat hier jeder, der den Eintritt bezahlt, die Hoffnung, etwas Spektakuläres zu finden. Grundsätzlich ist es ganz einfach: eine etwas dickere Platte nehmen und das brüchige, schieferartige Gestein mit dem Meißel in zwei kleinere Platten spalten.

Teile von Schnecken finden wir immer wieder, nur leider nichts Zusammenhängendes. Stundenlang klopfen wir, sitzen tatsächlich in Unmengen von Tintenfischkacke, doch dann teilt sich eine Platte und Felix ist nur noch am Staunen. »Papa, schau her, was ist das denn?« Er hat die versteinerte Flosse eines Fisches, der vor 150 Millionen Jahren hier gestorben ist, in Händen. Es ist faszinierend. Ganz fein sind die Konturen zu sehen, wir spüren sie deutlich, als wir mit den Fingern darüberfahren. Da der Fund trotzdem ganz klar unter 5000 Euro liegt, nehmen wir ihn mit. Ganz vorsichtig packt Felix ihn in Papiertaschentücher und eine Plastiktüte ein. Er wird einen Ehrenplatz bekommen, beschließen wir spontan – wahrscheinlicher ist

allerdings, dass wir die Platte irgendwo herumliegen lassen und meine Frau sie irgendwann einfach verschwinden lässt.

Nach unserem erfolgreichen Einsatz im Steinbruch machen wir uns zügig wieder auf den Weg. Der Blick schweift über das Kloter Rebdorf hinweg und links auf die imposante Willibaldsburg, die genau an der Innenseite einer Biegung des Talkessels liegt. Direkt unterhalb des Kinderdorfes, das wir soeben passiert haben, findet übrigens einmal im Jahr das Eichstätter Open Air statt, eines der friedlichsten und preislich angenehmsten Open-Air-Festivals in Deutschland überhaupt.

Es ist nun nicht mehr weit bis Eichstätt. Die Willibaldsburg mit ihrer Archaeopterix-Ausstellung ist bereits in Sicht und direkt unterhalb liegt die Bischofsstadt selbst. Der Wanderweg zieht sich in einer weiten Kurve links um die Domstadt herum, ehe er langsam in sie hineinführt. Ein charmanter Ort, in dem die Uhren noch ein bisschen langsamer ticken als anderswo. Das beginnt bei den vielen Straßencafés sowie der verkehrsberuhigten Zone um den Marktplatz und endet damit, dass um 18.30 Uhr auch das letzte Geschäft geschlossen hat. Man ist modern, Studentenstadt, nimmt sich aber heraus, dem Verkaufspersonal und sich selbst einen ordentlichen und familienfreundlichen Feierabend zu gönnen. Sehr sympathisch.

Die letzten Meter dieser Tour stehen an und nach gut 16 Kilometern blicken wir ein wenig sorgenvoll hinauf auf die hoch über Eichstätt thronende Willibaldsburg. Es geht richtig steil nach oben. Einerseits hätten wir nun die Möglichkeit, gleich am Marktplatz die Pizza zu genießen, die ich meinem Sohn versprochen habe, und die Willibaldsburg mit ihrer Archaeopterix-Ausstellung erst morgen zu besichtigen. Alles eine Frage des Etats und der zur Verfügung stehenden Zeit. Andererseits gibt es kaum einen schöneren Abschluss dieser Tour, als den Abend im Bastionsgarten der Burg zu verbringen. Ganz egal, ob man die Ausstellung anschaut oder nicht.

DINOSAURIERN AUF DER SPUR

Bei einem Pizza-Lieferservice lassen wir uns eine frische Pizza backen, versorgen uns mit Getränken und steigen dann auf der kleinen Straße rechts von der Polizei (schräg gegenüber dem Bahnhof – einfach von der Stadtmitte aus in Richtung Willibaldsburg laufen) knappe zehn Minuten zur Burg hinauf. Direkt nach dem imposanten Torbauwerk mit seinem dunklen, recht abenteuerlich wirkenden Tunnel führt der Weg rechts ein paar Meter hinunter zum kostenlos zu besichtigenden Bastionsgarten. Wir setzen uns auf die Begrenzungsmauer, hinter der es (Achtung!) steil und tief nach unten geht. Der Ausblick über Eichstätt hinweg ist genauso phänomenal wie der Garten selbst. Die Pizza duftet, wir quälen uns aus den Wanderschuhen und stoßen mit einer Apfelschorle an. Später sitzen wir Arm in Arm da und beobachten schweigend, wie die untergehende Sonne immer längere Schatten in das Tal wirft. Momente für die Ewigkeit oder – zumindest für uns beide – Erinnerungen für ein ganzes Leben.

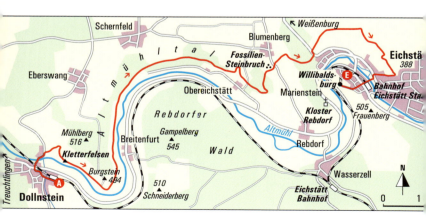

■ AUSGANGSPUNKT

Dollnstein. Mit dem Auto und öffentlichen Verkehrsmitteln (Bahnhof) erreichbar; Parken: Bahnhof Dollnstein.

■ ENDPUNKT

Eichstätt. Von dort entweder mit dem Zug zurück nach Dollnstein zum Auto oder direkt nach Hause.

■ MUSEUM BERGÉR UND STEINBRUCH

Harthof 2, 85072 Schernfeld; Werkzeug kann gegen Gebühr entliehen werden. Die Öffnungszeiten variieren nach Jahreszeit, Details sind auf der Homepage nachzulesen: www.museum-berger.de.

■ ESSEN

Gasthof Krone, Domplatz 3, 85072 Eichstätt, Tel.: 08421/4406, dort gibt es hervorragende Lammbratwürstl.

■ INSIDERTIPPS

Naschkatzen sollten die »Süßen Koffer« in der Bäckerei Margraf in Eichstätt (Marktplatz 2) probieren; ungewöhnliches Insel-Freibad in Eichstätt (Wasserwiese 4).

■ AUSRÜSTUNG

Wanderbekleidung, evtl. Stöcke und Karte vom Altmühltal-Panoramaweg, z.B. KOMPASS-Karte 177, Mittleres Altmühltal. Weitere Touren rund um Eichstätt sind im Rother-Wanderführer »Altmühltal« von Stefan Herbke nachzulesen.

Abenteuer mit Gruselfaktor –
Höhlenklettern in der Fränkischen Schweiz

Es ist dunkel und kalt. Wir sehen nicht, was nach dem schmalen Spalt zwischen den aufeinandergestürzten Felsen kommt, durch den wir jetzt kriechen sollen. Ein bisschen gruslig ist das schon, doch Lukas ist erstaunlich mutig. Mit den Füßen voraus quetscht er sich vorsichtig durch die Lücke. Dieses Abenteuer ist etwas für Pragmatiker. Es ist organisiert und doch spannend, dauert einen halben Tag und ist bei jedem Wetter machbar. Davon abgesehen ist die Höhle aus allen Ecken Bayerns gut zu erreichen. Eine coole Angelegenheit also und wer viel Glück hat, kann sogar einen bedeutenden Schatz finden.

CHARAKTERISTIK
Leichtes Höhlenklettern mit kurzer Abseilpassage in der Bismarckgrotte, die auch Bismarckschacht genannt wird.
DAUER
Halbtagestour, Aufenthalt in der Höhle ca. 3 Stunden (Länge der Höhle: 1,2 Kilometer, Höhenmeter: 52).
ALTER
Ab 10 Jahre.
BESTE MONATE
Mai bis Oktober.

UMGEBUNG ★ ★ ★
AUFWAND ★ ★
SPORTLICHER ANSPRUCH ★ ★ ★
TEAMBUILDING ★ ★ ★

»Eine spannende Tour. Interessant, wie so eine Höhle verläuft und dass man oft auch an sehr engen Stellen die Felsen durchklettern kann.«

Manchmal geht es vor allem darum, auch dann etwas ganz Besonderes zu erleben, wenn gerade wenig Zeit ist. Lange, tiefschürfende Gespräche sind diesmal nicht das Thema unserer Tour, sondern ganz einfach eine außergewöhnliche Unternehmung, für die wir uns einen zuverlässigen Veranstalter ausgesucht haben.

Klar, wer fit, gut ausgerüstet und perfekt informiert ist, kann Höhlentouren auch selbst unternehmen, kann zu zweit tief in den Berg eindringen. Aber vielleicht geht es Ihnen wie mir: Ich hätte viel zu viel Angst. Die Furcht, nicht mehr herauszufinden, die Bedenken, nicht mehr auf dem richtigen Weg zu sein, der Horror, falls ein plötzlicher Felssturz den Rückweg versperren würde, oder gar, dass es uns geht wie Indianer-Joe ... Väter wissen jetzt bestimmt, was ich meine. Ansonsten: nicht fragen, nachlesen bei Mark Twain und selbst den Schauer auf dem Rücken spüren.

Vereinfacht ausgedrückt: Ich mag allein in keine Höhle, und schon gar nicht in eine, die so verzweigt ist wie die Bismarckgrotte. Also ist es das Beste, auf einen Guide zu vertrauen, der schon oft genug in Höhlen wie dieser war. Der genau weiß, wohin es geht, der die richtige Ausrüstung dabeihat und auch einen zweiten Ausgang kennt.

Es geht in den Randbereich der Fränkischen Schweiz, eine landschaftlich sehr reizvolle Region nordöstlich von Nürnberg mit unendlich vielen Burgen und Höhlen. Sie ist eine der ältesten Ferienregionen Deutschlands und schon immer ein Ziel von Höhlenforschern gewesen. Heute fahren vor allem Kletterer nach Oberfranken und in die Fränkische Schweiz, da sie mit über 6500 Routen eines der am besten erschlossenen Klettergebiete der Welt ist. Vor allem durch die vielen Lochfelsen und Überhänge zählt die Region zu den wichtigsten außeralpinen Klettergebieten überhaupt.

Die Bismarckgrotte, die wir erforschen wollen, liegt allerdings bereits ein paar Kilometer auf Oberpfälzer Gebiet. Über gut ausgebaute Waldwege fahren wir zum Startpunkt, dem Wanderparkplatz am ehemaligen Forsthaus Rinnenbrunn. Die Guides von Simply Outdoor, denen wir uns anvertrauen, zerren mächtige Kisten aus ihrem Kleinbus, es ist unsere Ausrüstung: Helme, Stirnlampen, Klettergurte und alte, verwaschene Militär-Overalls.

Ein bisschen eigenartig sieht das aus, wie wir da rumstehen in unseren Bundeswehr-Klamotten: Männer, Frauen und Kinder. Einer der grauen Overalls steht halb offen, da er nicht ganz zugeknöpft wurde, am anderen hängt in Ermangelung eines Knopfes einseitig und ein wenig traurig die Schulterklappe nach unten. Als wollte sie demonstrieren, wie wir auf Nichteingeweihte wirken: wie der letzte Rest der Kompanie. Versammelt in einem fränkischen Waldgebiet, bereit zur ersten Klappe eines Slapstickfilmes.

Kommandeurin ist Franzi, eine Frau, die auch im übertragenen Sinne die Hosen anhat und der man nur ungern widersprechen möchte. Aber auch eine Frau, der man beim Bungee-Jumping die Auswahl der Seillängen überlassen, durch ein brennendes Haus – oder eben durch eine dunkle Höhle folgen würde.

So richtig professionell wirken wir erst, als wir am Eingang einen »Höhlenforscher« nach dem anderen in die Tiefe abseilen. Knapp zehn Meter gleiten wir langsam nach unten, müssen uns aber immer wieder mit den Händen und Füßen an Felsen oder nasser Erde abstoßen. Ein bisschen unheimlich ist das schon, in eine schwarze Tiefe hinabgelassen zu werden, in der zunächst nichts zu erahnen ist. Dann, nach ein paar Metern, sehe ich die Stirnlampen der anderen Teilnehmer, die in meine Richtung leuchten. Wie eine Handvoll Bergleute, die dem Schichtwechsel entgegenblicken, wirkt das. Mit Gesichtern, die im Dunkel verschwinden. Dahinter schält sich langsam eine Höhle heraus, drei, vier Meter hoch und scheinbar ohne Ausgang.

Was wir nicht wissen zu diesem Zeitpunkt: Der Nordeingang wurde wohl einst als Bestattungsstätte genutzt. Da bei Ausgrabungen im Jahr 1966 vorgeschichtliche Werkzeuge gefunden wurden, liegt die Annahme nahe, dass hier sogar blutige Opferungen stattgefunden haben.

Nachdem auch die insgesamt drei Guides bei uns sind, zeigt uns Franzi, wo wir lang müssen. »Hier, unter dem Felsen durch und passt auf, dass ihr euch nicht die Köpfe anhaut.« Lukas ist irritiert: »Das sind doch höchstens 30 Zentimeter?« Franzi ist das egal. »Ob 30 oder 40 Zentimeter«, sagt ihr Gesichtsausdruck, »da geht's durch. Ob ihr wollt oder nicht.« Sie legt sich auf den Boden und kriecht los. Kurz danach sind nur noch die beiden Bergschuhe zu sehen, dann nur noch einer – und weg ist sie.

Ein bisschen Überwindung kostet das jetzt schon. Es treten gegeneinander an: Kopfkino und männliche Rationalität.

Der Sieger: die Rationalität. Denn wenn Franzi das kann, dann können wir es auch. Rationalität und Logik sind übrigens eine sehr effektive Methode, gegen Platzangst beim Höhlenklettern anzukommen. Wenn Sie beispielsweise meinen, Herzrasen, einen schnelleren Puls oder Panik bekommen zu müssen, weil Sie sich gerade irgendwo durchquetschen wollen und feststecken oder in einer engen, steinigen Kriechröhre warten müssen, weil ihr Vordermann bummelt, versuchen Sie es einfach mit Logik. Denn zum einen werden Sie definitiv heute hier herauskommen, Angst ist daher unsinnig. Zum anderen kann es jetzt nicht spontan enger werden, es sei denn, der Berg kracht über Ihnen zusammen

– was nun auch wieder unlogisch wäre. Machen Sie also die Augen zu, legen Sie den Kopf auf Ihre Hände und warten Sie gelassen, bis es weitergeht. Vor allem aber denken Sie an die Worte eines unbekannten Psychologen, der nicht zu Unrecht meinte: »Was alles soll ich mir noch von meinem Kopf gefallen lassen?« Eben.

Früher bin ich aus überfüllten Schulbussen ausgestiegen, weil ich Platzangst hatte, heute dagegen weiß ich: Platzangst ist Unsinn. Kompletter Unsinn sogar, erinnere ich mich, denn in dem engen Felsschacht, durch den ich momentan auf dem Bauch krieche, sitze ich einen Augenblick fest – Stau. Wenn ich den Kopf hebe, stößt der Helm gegen

Stein, wenn ich die Schultern zur Entspannung ein wenig drehen will, lande ich wieder am Stein. Vom Vordermann sind nur die Schuhsohlen, sonst aber gar nichts, nicht einmal das Licht der Helmlampe, zu sehen. Einsame Füße also, die in der Dunkelheit verschwinden. Über mir türmen sich leicht 30 Meter tonnenschwerer Fels, nasse Erde, die auf dem Gestein lastet, und dicke Baumwurzeln, die sich in meine Richtung bohren. Dazu das Gefühl, völlig allein in dieser Tiefe zu sein. Ich bemerke eine Schweißperle, die langsam über meine Stirn nach unten rinnt, bis auf mein Schnaufen ist kein Geräusch zu hören. Würde ich mit meinem Rücken am Felsen anstoßen, wenn ich ganz tief ein-

atmete? Wahrscheinlich nicht. Also kein Grund zur Panik.

Doch was wäre, wenn ich doch hier stecken bleiben würde, wie viele Stunden würde die Feuerwehr brauchen, um mich mit einem Bohrmeißel zu befreien, und – vor

allem – wie viele Stunden wäre ich hier unten im Dunkeln ganz allein? »Unsinn«, brülle ich lautlos und knipse das Kopfkino aus. Und dann verschwinden die Schuhsohlen, es geht wieder weiter. Logisch (Gott sei Dank!).

Lukas ist viel cooler als ich. Seit Franzi von dem verschwundenen Höhlenbuch erzählt hat, das vielleicht noch in irgendeiner Nische steckt, ist er auf der Suche nach dem Notizbuch, in dem früher jeder Besucher ein paar Zeilen hinterlassen hat. In jede noch so kleine Spalte schaut er hinein und wenn ich frage, was er sucht, grinst er nur. Klar, das Höhlenbuch will er finden. Überall auf der Welt werden Bücher in Höhlen wie dieser zurückgelassen, um nachfolgende Generationen an den einstigen Erlebnissen teilhaben zu lassen. Manche bleiben lange liegen, manche verschwinden und werden durch neue ersetzt. Das Buch der Bismarckgrotte jedenfalls ist seit Jahren unauffindbar. Welche Geschichten wohl darin niedergeschrieben sind, welche Schicksale?

Vielleicht würde man sogar mehr über die beiden Forscher erfahren, die der Legende nach im Jahr 1910 in die Bismarckgrotte einstiegen. Irgendwann verliefen sie sich in dem weitverzweigten Höhlensystem, keine Rufe drangen nach draußen und die Kerzen gingen langsam zu Ende. Dann rann ihnen der letzte Tropfen heißen Wachses über die Finger und die Flamme erlosch endgültig.

Im Dunklen kriechend versuchten sie, den Ausgang zu finden. Fast ein Ding der Unmöglichkeit. Teils sind die Gänge so eng, dass sich ein Erwachsener nicht mehr hindurchquetschen kann, teils sind die Säle so hoch, dass es unmöglich ist, an den überhängenden Wänden nach oben zu klettern. Mitunter liegt der Ausgang auch in drei, vier Meter Höhe und ist nur für den zu finden, der ihn kennt. Allenfalls mit systematischer Suche, am besten Hand in Hand, ließe sich für Höhlenprofis vielleicht der Weg ans Sonnenlicht finden. Nur Panik oder Verzweiflung dürften nie aufkommen, keine irrationalen Handlungen. Doch wer schafft so etwas in dieser Situation?

Nicht einmal den beiden Höhlenforschern gelang es. Der Legende nach wurden die beiden Wochen später gefunden. Verhungert und verdurstet in einer Höhle, in der

Heerscharen von Fledermäusen von den Decken hingen und dem schaurigen Sterben gelassen zusahen. Dies ist mittlerweile widerlegt. Tatsächlich wurden die beiden Forscher nach 58-stündiger unfreiwilliger Gefangenschaft doch noch eher zufällig, aber lebend geborgen.

Lukas gruselt es nun doch ein bisschen, aber mein Hinweis, dass sie mit modernen LED-Lampen wahrscheinlich ziemlich flott wieder am Tageslicht gewesen wären, bringt ihn schnell auf positivere Gedanken. Die verschiedenen Durchstiege, Kriech- und Kletterpassagen sind spannend und teils sogar ein wenig anspruchsvoll. Wir durchqueren Räume, die gern vier, fünf Meter hoch sind, teils mit Stalagmiten und Stalaktiten, oft mit schlammig weichem Boden. Mitunter müssen Lukas und ich uns gegenseitig helfen, um leichter einen mannshohen Felsen hinauf durch einen Durchgang schlüpfen zu können. Angenehm auch, wenn man sich gegenseitig unterstützt, weil der  eine noch in einer engen Röhre steckt und der andere bereits weiß, wie man am angenehmsten und ohne mit dem Helm an den Fels zu stoßen herauskriecht.

Franzi sorgt noch einmal für Unbehagen, als sie uns bittet, die Helmlampen auszuschalten. Ganz ruhig und still ist es jetzt, obwohl wir gut zehn Menschen sind. So sehr es die Augen auch versuchen, in dieser Dunkelheit ist nicht einmal der kleinste Schimmer zu erahnen.

Der Ausstieg ist noch einmal eine Herausforderung dieser ungeahnt spannenden und rundum reizvollen Tour. Für Kletterneulinge ist das letzte Stück ohne Hilfe etwas schwierig. Senkrecht klettern wir durch eine runde Röhre, den sogenannten Korkenzieher, nach oben. Als würden wir durch die schmalste Stelle eines Raffinerieturmes steigen wollen. Aber dafür sind ja Franzi, Jo und Christoph da, die uns an die Sicherung nehmen und auch die richtigen Tipps parat haben: »Press dich mit dem Hintern an den Fels und stemme dich nach oben.« Lukas mit seinen langen Armen und Beinen und einem Körpergewicht, das ich nie wieder erreichen werde, ist im Vorteil. Bei mir ist, ich gebe es zu, der Korpus ein wenig ausgeprägter, sodass ich keuche, schwitze und kämpfe, um in die Höhe zu gelangen. Doch oben steht die coole Franzi und das entfacht noch einmal den Ehrgeiz. Ein paar Griffe in der Felswand, ein-, zweimal kräftig mit den Beinen angeschoben und dann bin ich oben. Kurz danach stehen Lukas und ich in der Sonne, die Augen kämpfen noch kurz mit der ungewohnten Lichtmenge und wir schauen an unseren lehmverschmierten Overalls nach unten. »Spannende Tour«, meint Lukas und wischt seine schmutzigen Finger am Oberschenkel ab. »Schade nur, dass ich das Buch nicht gefunden habe.« Stimmt, das Höhlenbuch. Ich hatte es längst vergessen.

Gut möglich übrigens, dass wir noch einmal hinfahren, wenn Lukas die zweite Legende über die Bismarckgrotte hört. In der Höhle wird nämlich ein Nazi-Schatz vermutet. Kunstwerke, die der damalige Reichsmarschall Hermann Göring während der Nazi-Diktatur gestohlen hatte, sollen hier gelagert worden sein. Sie sind trotz intensiver Suche in der Höhle bis heute verschwunden und warten irgendwo, vielleicht sogar doch hier, auf ihre Entdeckung. Schon wieder Kopfkino, diesmal aber Visionen von einer aufregenden Schatzsuche à la Indiana Jones. Seltsam. Irgendwie scheint die Bismarckgrotte eine ganz besondere Aura zu besitzen.

■ AUSGANGSPUNKT
Wanderparkplatz am ehemaligen Forsthaus Rinnenbrunn bei Hirschbach. Erreichbar über geschotterte Zufahrtsstraßen von Achtel und Finstermühle. Keine Anfahrt mit öffentlichen Verkehrsmitteln möglich.

■ VERANSTALTER
Simply Outdoor, Schaumühle 1, 85049 Ingolstadt,
Tel.: 0841/1425970, www.simply-outdoor.de.

■ ÜBERNACHTUNG
Nicht notwendig.

■ ESSEN
Verpflegung muss selbst mitgebracht werden. Sie passieren bei der An- und Abreise allerdings etliche Gaststätten.

■ INSIDERTIPPS
Reihen Sie sich als Letzte ein, bleiben Sie ein bisschen zurück. Das Erlebnis ist dann noch intensiver.

■ AUSRÜSTUNG
Normale Alltagskleidung, feste Schuhe. Overall, Helm und Stirnlampe werden vom Veranstalter gestellt.

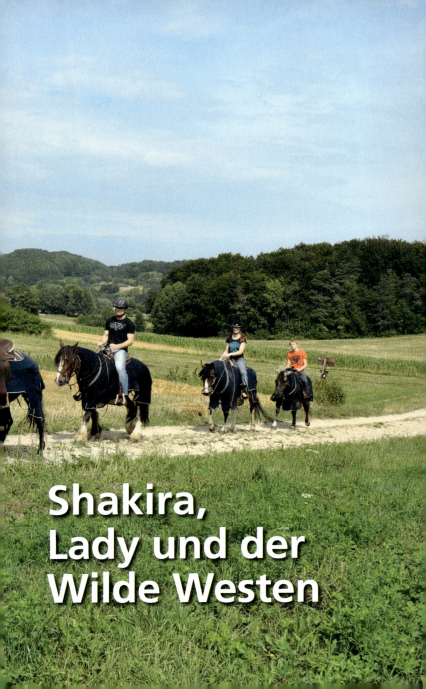

Shakira, Lady und der Wilde Westen

Dieses Abenteuer ist eines für Männer. Vater und Sohn, jeder auf dem Rücken eines Pferdes, der Blick schweift in die Ferne. Sie ziehen die Zügel an, um die Tiere zu bremsen und die Aussicht noch ein wenig länger zu genießen. Nur eine vorbeidonnernde Büffelherde würde noch fehlen und die Illusion einer Zeitreise in den Wilden Westen wäre perfekt. Dabei sind die beiden keine erfahrenen Reiter, sondern am Vortag zum ersten Mal auf einem Pferd gesessen.

CHARAKTERISTIK
Leichte Reitwege durch schöne Wiesen, Felder und Wälder.
DAUER
Mindestens zwei Tage. Am zweiten Tag zwei bis maximal drei Stunden.
ALTER
Ab 5 Jahre.
BESTE MONATE
Egal, reiten geht fast immer.

UMGEBUNG ★ ★ ★ ★
AUFWAND ★ ★ ★
SPORTLICHER ANSPRUCH ★ ★ ★
TEAMBUILDING ★ ★

> *»Ich fand toll, dass wir schon zu Beginn selbst die Kontrolle über das Pferd hatten und gleich am zweiten Tag im Gelände geritten sind.«*

»Alles hat seine Zeit«, sagte ein kluger PR-Manager einmal, »und irgendwann ist diese Zeit halt vorbei.« Deshalb mussten wir uns eines Tages von den Fernsehserien der Kindheit verabschieden, von den »Rauchenden Colts« oder von »Bonanza«. Geblieben aber ist der Traum vom Reiten. Die Suche nach der Freiheit, im Sattel sitzend seinen Weg selbst zu bestimmen, bei Wind und Wetter das nasse Gras zu riechen und den moosig-harzigen Duft des Waldes.

Nicht weit entfernt von Nürnberg lässt sich gemeinsam mit dem Sohn eines der männlichsten Rituale überhaupt erleben: reiten zu lernen. Drei Kilometer südlich der Ortschaft Königstein geht es beim Schild »Windmühle« rechts von der schmalen St2164 ab und der kleine Weiler mit dem Pferdegestüt der Familie Braun, die Stormy Horse Ranch, taucht auf. Sie ist kein elitärer Klub mit Menschen in Lacoste-Shirts und Seidenschals über dem Jackett, der sich hier trifft, sondern wird von ganz normalen Leuten besucht, die einfach reiten wollen – oder es lernen möchten.

Die Ranch ist perfekt für Menschen wie Lukas und mich, deren einzige Pferdeerfahrung aus ein paar traurigen Runden auf dem Volksfest besteht. Lukas war von der Idee sofort begeistert. Hoch oben auf dem Pferd durch die Landschaft zu reiten, reizte ihn ungemein. »Das wird richtig cool«, freute er sich schon lange vorher.

Die Brauns haben sich darauf spezialisiert, auch Menschen mit wenig Zeit aufs Pferd zu bringen. »Ein oder zwei Reitstunden«, haben sie uns versprochen, »und am nächsten Tag kann das Abenteuer im freien Gelände beginnen.« Wir sind gespannt. Vater und Sohn, Seite an Seite auf dem Pferd – immer mit dem Ziel, nicht herunterzufallen.

Lehrstunden müssen nicht bitter sein. Manchmal sind sie sogar hochinteressant. Es kostet ein wenig Überwindung, die Tiere anzufassen. Sie könnten ja schnappen oder beißen. »Passiert nicht«, sagt Reitlehrerin Steffi, »wenn einem Pferd etwas nicht passt, schüttelt es den Kopf oder zieht sich zurück. Man kann sein Verhalten sehr gut deuten. Erst wenn ihm gar nichts anderes übrig bleibt oder es sich bedroht fühlt, beißt es und schlägt notfalls auch mit dem Huf zu.« Antatschen ist also erlaubt, auch wenn wir skeptisch sind.

Wer reiten will, muss sofort alles selbst machen. Es gibt eine Plastikkiste, auf deren Vorderseite der Name des Pferdes steht, und dann geht es ran an das 500 Kilo schwere Tier. Mit zwei Bürsten, eine davon ist aus Eisen und sieht ein wenig wie die Lochfräse eines Bohrmaschinenaufsatzes aus, bürsten wir Dreck und Verklebungen aus dem Fell. Auch unter dem Pferd, am Bauch und gefährlich nahe an den Hufen. Von oben nach unten, von vorn nach hinten schrubben, bürsten und kehren wir das Tier ab. »Das Fell ist ganz weich«, sagt Steffi und fasst an den Bauch von Lukas' Pferd Lady. Dort, wo später der Sattelgurt sitzen wird. »Gut gemacht!«, lobt sie Lukas

und der freut sich. Ein wenig Respekt hatte er ja doch davor, die »Lady« mit der Drahtbürste zu bearbeiten.

Doch jetzt geht es erst richtig los. Wir »installieren« die Decke und den Sattel, danach auch noch das Zaumzeug. Steffi erklärt ganz genau und geduldig, aber streng. Wie man sich eine Reitlehrerin eben vorstellt. Trotzdem fühle ich mich ein bisschen eigenartig, als wir die Pferde in die Halle führen. Meine braun-weiß gefleckte »Shakira« wirkt schon von unten unangenehm hoch. Seltsam, später, auf den Fotos, wird sie allenfalls wie ein zu groß geratenes Pony erscheinen. Lukas ist etwas gelassener. Er freut sich einfach darauf, einmal richtig zu reiten, und geht alles mit ein bisschen mehr Ruhe an.

Es wird ernst, wir steigen auf. Peinlich, aber ich schaffe es erst im dritten Anlauf, weil ich meine Füße zunächst nicht bis zum Steigbügel bekomme. Es zwickt an den Hüften, es bremst der Bauch. Die Bügel werden angepasst, ein kurzer Druck mit beiden Beinen gegen Shakiras Leib und die träge Stute setzt bedächtig Huf um Huf nach vorn. Eigentlich ist es ganz leicht. Die Zügel nach links und den rechten Fuß ans Pferd gedrückt und Shakira macht eine Linkskurve. Umgekehrt funktioniert es genauso – wenn man nicht immer wieder alles durcheinanderbringen würde. Aber Shakira ist Anfänger gewohnt und deshalb geht sie manchmal einfach dahin, wohin sie mag – ganz egal, was ich ihr vorgebe. »Sie merkt, du kannst es nicht, und deshalb macht sie, was sie will«, verrät Steffi Lebensweisheiten, »schließlich ist sie eine Frau.«

Aha. Erstaunlich und schön zugleich, dass Shakira gegen Ende der Stunde doch weitgehend nach meiner Pfeife tanzt. Mal nach rechts, mal nach links um drei Tonnen – nur an der Bande entlang mag sie nicht. Schade irgendwie, dass die Stunde so schnell vorbei ist. Es hat Spaß gemacht und Lukas hatte immer wieder einen richtig glücklichen Gesichtsausdruck. Solange er sie nicht täglich füttern muss, liebt er Tiere. »Das hat richtig Spaß gemacht«, sagt er später. »Am Anfang hat mein Pferd zwar noch gemacht, was es wollte, aber dann habe ich es immer besser in den Griff bekommen. Am liebsten würde ich morgen gleich wieder in der Halle reiten.«

Abends ist bei schöner Witterung Lagerfeuerromantik vor dem Reiterstüberl angesagt. Ein kühles Getränk, Grillfleisch und je nach Stimmung ernsthafte oder lockere Gespräche. Man kommt sich näher, weit weg vom Alltag.

So soll es sein. Eigentlich wollten wir anschließend gleich einen zweitägigen begleiteten Wanderritt ausprobieren. Braun hatte allerdings sein Veto eingelegt. »Selbst wenn ich Ja sagen würde, ihr würdet nach dem ersten kompletten Reittag wegen eures Muskelkaters nie wieder auf ein Pferd steigen«, erklärte er, »und das will ich nicht. Dafür ist Reiten einfach zu schön.« Der Seniorchef hat vor 20 Jahren beruflich »umgesattelt«, den Reiterhof erworben und jedes Jahr ein bisschen ausgebaut. Wenn man ihm in die Augen blickt, kann man spüren, dass da einer seine Bestimmung gefunden hat.

Der erste Ausritt folgt am zweiten Tag entweder vor- oder nachmittags. Mein Vorschlag: Entscheiden Sie sich lieber für den Nachmittagstermin und besuchen Sie davor noch das außergewöhnliche Naturbad in Königstein. Sie schlagen damit zwei Fliegen mit einer Klappe: Zum einen wird der Aufenthalt noch ein wenig abwechslungsreicher, zum anderen entspannt sich beim Schwimmen ihre tags zuvor beim Reiten geschundene Muskulatur. Schließlich haben Sie Muskelgruppen bewegt, die Ihnen zuvor unbekannt waren.

Kleiner Tipp: Die Königsteiner haben mit der gemeinhin üblichen Unsitte gebrochen, dass das Ticket beim Verlassen des Bades seine Gültigkeit verliert. Wer mag, kann morgens und dann noch einmal spätabends ins Wasser, ohne erneut Eintritt bezahlen zu müssen.

Das Naturbad war früher ein ganz normales Schwimmbad. Als die Heizung in die Jahre kam, blieben zwei Alternativen: entweder eine aufwendige Sanierung oder gleich etwas ganz anderes zu bauen – etwas mit Zukunft. Ein geschickter Schachzug der Gemeinde war sicher, das Bad ökologisch so hochwertig zu bauen, dass es als einziges Bad in der EU eine Förderung erhielt. Auf Chemikalien verzichten die Bademeister mit einer Ausnahme: Eisen. Das baut Algen ab und muss einfach sein. Wir erheben uns aus dem Bade und würden jetzt eigentlich gerne direkt aufs Pferd steigen. Wäre schön, wenn es draußen angebunden wäre, aber irgendwo ist dann auch mal Schluss.

Shakira tanzt heute woanders, ich kratze daher die Hufe von »Silver« aus, sattle und zäume ihn wie ein altgedienter Westernheld. Wer die Illusion vom Westernreiten perfekt machen will, kann nun schon einmal den Gang mit O-Beinen probieren. Dank einer etwas weiteren Hose sieht heute wohl auch das Aufsteigen etwas eleganter aus – und dann geht es einfach los.

Olaf, der heute mit uns ins Gelände reitet, winkt mit dem Arm und wir starten. Es ist faszinierend. Ich weiß nicht, was wir erwartet haben, aber es ist einfach erhebend, so hoch über den Straßen und Wegen durch die Landschaft geschaukelt zu werden. Als hätten wir nie etwas anderes gemacht, reiten wir an Feldrändern entlang, durch Wiesen und in der hügeligen Landschaft mitunter durch kühle, grüne Mischwälder. Silver unter mir bewegt sich wie eine Maschine und wenn ich meine, es sollte ein bisschen schneller gehen, klemme ich beide Füße ein wenig um seinen Bauch und lasse die Zügel lockerer. »Bumble Bee«, der heute mit Lukas unterwegs ist, ist dagegen relativ selbstständig.

Selbst Traben probieren wir nach einer guten Stunde und spätestens jetzt weiß ich auch, warum Braun uns von einem längeren Wanderritt abgeraten hatte. Mein Hintern prallt wie ein Gummiball immer wieder auf das harte Leder des Sattels, um nur den Bruchteil einer Sekunde später wieder hochgeschleudert zu werden. Bei Lukas

sieht die kleine Trabepisode ähnlich kurios aus. Zwei Möglichkeiten, sagt Olaf, gibt es nun: »Entweder du passt dich der Bewegung an und versuchst, einfach sitzen zu bleiben, oder du gehst gleich ein bisschen nach oben und steigst in die Steigbügel.« Letztlich ist es egal – mein Hintern wird noch Tage später schmerzen.

Doch das intensive gemeinsame Naturerlebnis entschädigt für alles. Gestern noch nie geritten, schaukeln Lukas und ich heute wie selbstverständlich durch die Prärie der Oberpfalz. Zwei Stunden lang und für den nächsten Tag haben wir drei weitere Ausritte gebucht. Vielleicht haben wir sogar ein neues Hobby entdeckt?

Wer immer mal wieder ein paar Stunden reitet, kann überlegen, eine der Reitexkursionen, die bei den Brauns, aber auch bei anderen Westernreitställen angeboten werden, zu wagen. Je nach Lust geht es dann drei, vier oder sogar sieben Tage von Reitranch zu Reitranch. Mal wird im Freien übernachtet, dann wieder im Zimmer, mitunter wird selbst gekocht. Wobei der Begriff »Kochen« nicht überstrapaziert werden sollte. Denn nach wie vor hat ein bewährter Männerkalauer nichts an Aktualität verloren: »Wie schmeckt Grillgemüse am besten?« »Indem man es exakt zwei Minuten, ehe es fertig ist, durch ein saftiges Steak ersetzt.«

■ ORT
Königstein/Oberpfalz. Eine Anreise ohne Auto ist nicht empfehlenswert.

■ VERANSTALTER
Stormy Horse Ranch bei Königstein in der Oberpfalz, Windmühle 2, 92281 Königstein, Tel.: 09665/8385, www.stormy-horse-ranch.de.

■ ÜBERNACHTUNG
Zur Ranch gehören Ferienwohnungen und es können Übernachtungsmöglichkeiten in der Nachbarschaft vermittelt werden. Anreise mit Zelt, Wohnwagen und Wohnmobil ist ebenfalls möglich. Hotels gibt es außerdem in Königstein, gut fünf Autominuten entfernt.

■ ESSEN
Biergarten zu Fuß erreichbar; Gasthöfe in Königstein mit traditioneller Küche; regionale Spezialität: Schäuferl.

■ INSIDERTIPPS
Naturbad Königstein, Badstraße 1, 92281 Königstein, Tel.: 09665/300.

■ AUSRÜSTUNG
Stellt die Ranch.

Mit dem Tandem auf dem Bockl-Radweg

Diese Tour ist eine der schönsten Radtouren, die ich mit meinen Söhnen unternommen habe. Erfahrene Radler wird das jetzt ein bisschen wundern, denn die eigentliche Strecke ist weder besonders lang noch sportlich anspruchsvoll. Was diese Strecke für uns zu etwas Einzigartigem gemacht hat, ist, dass wir sie mit einem Tandem zurückgelegt haben und ich neben dem Radeln noch ein anderes Thema hatte. Aber hier nur zwei Stichpunkte: Es geht darum, zu vertrauen und loszulassen – für den Vater und für den Sohn. Gar nicht so einfach.

CHARAKTERISTIK
Gemütliche Radtour auf einem teils asphaltierten alten Bahndamm. Nur wenige Steigungen.

DAUER
Ohne Pausen 4 Stunden (Länge: 52 Kilometer, Steigungen: maximal 1,5 Prozent) – das wäre aber schade, richtig schön wird die Tour mit einer Übernachtung.

ALTER
Ab 10 Jahre.

BESTE MONATE
Am schönsten ist die Tour vom Frühjahr bis zum Frühherbst.

UMGEBUNG ★ ★ ★ ★
AUFWAND ★ ★ ★
SPORTLICHER ANSPRUCH ★
TEAMBUILDING ★ ★ ★ ★

> *»Am Bocklweg hat mir gefallen, dass alles sehr flach war und wir daher trotz Tandem richtig gut radeln konnten.«*

Keine Ausreden: Wer diese Tour mit seinem Sohn unternehmen will, braucht ein Tandem. Der Hintergedanke liegt auf der Hand: Wann sonst wird man, ohne viele Worte darüber zu verlieren, so schnell ein Team wie auf einem Tandem? Natürlich könnte man auch darüber philosophieren, dass man mit jedem gemeinsamen Tritt eine Einheit wird, oder darüber, dass beim Treten eine nicht nur körperlich, sondern auch gedanklich höhere Ebene erreicht wird. Kann sein, aber wie meist im Leben ist die Antwort viel einfacher: Tandemfahren macht einfach mehr Spaß als normales Radeln.

Unsere Tour beginnen wir am Bahnhof von Neustadt. Die Schienen enden auf der einen Straßenseite und auf der anderen startet schon der Radweg. Meterhohe Tafeln beschreiben zudem die Strecke, die ein Teilstück des Paneuropa-Radweges ist, der Paris mit Prag verbindet.

Tandemfahren ist nicht ganz einfach. Wenn Sie beispielsweise gewohnt sind, sich abzustoßen und loszuradeln, Ihr Sohn dagegen mit einem kräftigen Tritt in die Pedale startet, haben Sie beide ein Problem. Das Tandem schwankt, panisch strecken alle die Füße wieder nach unten – und stehen. Tandemfahren ist Teamarbeit und wer es schon beim Start nicht schafft, sich zu einigen, sollte vielleicht doch besser auf ein normales Fahrrad umsteigen.

Doch Felix ist praktisch veranlagt, mit ihm klappt es nach kurzen Anlaufschwierigkeiten wunderbar. Er ist aber auch unerbittlich und fordert eine gewisse Geschwindigkeit ein. »Los, schneller, alter Mann«, treibt er mich respektlos an und freut sich, so gut einen halben Meter hinter mir weitgehend unangreifbar zu sein, »geht das nicht flotter?« Oh doch, mit einem Tandem ist man, wenn man sich richtig reinhängt, extrem schnell. Und deshalb geht es zügig los.

Nun gibt es bereits nach rund 300 Metern die Möglichkeit, beim Bockl-Radweg-Kiosk mit kleinem Biergarten einzukehren. Aber, ganz offen, wenn Sie erst einmal zu zweit auf dem Rad sitzen und die ersten Meter zurückgelegt haben, wäre es unsinnig, gleich wieder abzusteigen. Es sei denn, Sie werfen das Tandem schon jetzt in den Graben.

Wir verlassen Neustadt, fahren durch einen kühlen Wald, an einer schönen Felsformation vorbei, wechseln an einem Wegweiser die Straßenseite und radeln dann hinaus aufs flache Land. Nach zwei, drei Kilometern haben wir einen gemeinsamen Rhythmus gefunden und beginnen zu genießen, denn die Umgebung ist wirklich wunderbar. Die Landschaft ist zwar relativ flach, doch das hat den Vorteil, dass

der Blick weit über die Weizenfelder, die Wiesen und die kleinen Ortschaften schweifen kann. Ganz in der Ferne sind die Berge zu sehen, die die tschechische Grenze markieren. Die nächste Station ist Floß, das wir nach gut zehn Kilometern erreichen. Direkt am Radweg liegt die Raststation Floß, ein kleines Gasthaus, in dem man in sehr ordentlichen Zimmern übernachten kann – mit WLAN-Empfang. Da freut sich Felix und muss sofort der ganzen Twitter-, Facebook- und sonstigen Gemeinde mitteilen, wie man wohin, wie weit – und wieso überhaupt – geradelt ist. Und eifrig Kommentare beantworten, die in etwa lauten: »Muss doch total anstrengend sein«, »Voll cool, Alter« oder »Ich sitz lieber am PC.« 15 Minuten gebe ich ihm, dann ist Schluss.

Bis dahin sitze ich im Biergarten und studiere die Speisekarte. Als Felix nachkommt, bestellen wir Schäuferl mit Knödel, Soße und Blaukraut. Die Kruste ist so knusprig, dass es beim Reinbeißen ordentlich kracht. Dazu ein hausgebrautes Bier für mich – perfekt.

Die Raststation bietet sich vor allem für all diejenigen an, die eine weitere Anreise hatten und erst mittags oder am frühen Nachmittag am Bocklweg gestartet sind. Machen Sie sich keinen Stress. Bleiben Sie über Nacht, schütteln Sie all die Anspannung der letzten Tage ab und genießen Sie den Nachmittag ganz allein mit Ihrem Sohn.

So richtig viel des Bockl-Radweges ist nun natürlich noch nicht geschafft. Daher gilt es, am nächsten Tag früh aufzustehen und das Tandem in Richtung Vohenstrauß zu bewegen. »Warum heißt das eigentlich Bockl-Radweg?«, will Felix wissen. Auf Fragen wie diese sollten Sie vorbereitet sein. Schließlich werden wir Väter früh genug entzaubert – und heute ist ganz sicher nicht der richtige Tag dafür. »Bockl« hießen im Volksmund die Dampflokomotiven auf dieser ehemaligen Bahnstrecke, die seit 1886 bestand. Die Dampflok zuckelte in zweieinhalb Stunden 26 Kilometer genau auf dieser Strecke von Neustadt bis zu unserem nächsten Ziel, Vohenstrauß, und dann weiter. Wahrscheinlich

konnte man ob dieser Geschwindigkeit sogar nebenher die wunderbar bunten Wiesenblumen am Wegesrand pflücken. Bis 1974 war die Strecke in Betrieb, dann waren die Zeiten der Dampflokomotiven auch in der Oberpfalz vorbei und im Dezember 1995 fuhr endgültig der letzte Zug. Der Radweg führt nun an einstigen Bahnhöfen vorbei, über sanfte Hügel und ziemlich flott nach Vohenstrauß. Ein nettes kleines Örtchen, in dem es sich lohnt, zumindest für ein Eis zu stoppen. Auch wenn man dazu von der eigentlichen Bockl-Wegstrecke abzweigen und in den Ort radeln muss:

Ignorieren Sie die Beschilderung kurz nach dem ehemaligen Bahnhofsgebäude, fahren Sie rechts hinauf ins Örtchen und in Richtung Schloss Friedrichsburg. Anschließend radeln Sie einfach wieder bis zur Abzweigung zurück.

Als ich vorschlage, dass Felix jetzt die vordere Sitzposition einnehmen soll, wird es spannend. Spannender jedenfalls, als ich dachte, denn der Tausch ist unerwarteterweise mehr als nur ein Fahrerwechsel. Wir ändern nicht nur die Positionen, sondern erreichen eine ganz neue Ebene dieser gemeinsamen Tour. Wieder sind die Bewegungsabläufe anders, doch nach zwei, drei Anläufen fahren wir. Nein, eigentlich fährt Felix – und das ist der Knackpunkt an dieser Unternehmung.

Ich sitze hinten, vorne kämpft der Junior sowohl mit dem ungewohnten Zusatzgewicht als auch dem Lenker und wir sind alles andere als entspannt. Stellen Sie sich vor, Sie sitzen erstmals als Beifahrer neben Ihrem Sohn im Auto, sind aber an Händen und Füßen gefesselt. Sie könnten zwar verbal eingreifen, aber genau das will ich jetzt nicht.

Instinktiv spüren wir beide, dass ich die Verantwortung an Felix übergeben habe, dass er, der 15-Jährige, nun ganz allein dafür zuständig ist, dass wir unfallfrei vorwärtskommen. Fährt er uns bei der flotten Fahrt in den Graben, kann ich, der ich hinten sitze, nicht das Geringste ausrichten. Genau deshalb werde ich auch ganz sicher nichts sagen, keine Ermahnungen, Tipps oder Ratschläge geben. Auch wenn es ausgerechnet jetzt schwerfällt. Es geht für mich ums Loslassen, darum, Verantwortung zu übergeben, und für Felix darum, die Verantwortung für uns beide zu übernehmen. Vor allem aber, zu spüren, dass sein Vater ihm vorbehaltlos vertraut. Gar nicht so einfach – für uns beide.

MIT DEM TANDEM AUF DEM BOCKL-RADWEG

Ich gebe zu, dass ich ein wenig erleichtert bin, als er nach knapp zehn Kilometern wieder tauschen will. Aber gesagt habe ich nichts, kein einziges mahnendes oder eingreifendes Wort.

In dem Rosenquarzstädtchen Pleystein wäre eine Ehrenrunde durch die Stadt mit dem Besuch der Klosterkirche eine Option. Sie steht auf dem 38 Meter hohen Rosensteinfels, kann Felix aber nicht im Geringsten zum Aufstieg verlocken. Der restaurierte Eisenbahnwaggon im Grenzort Waidhaus, etwa sieben Kilometer weiter, interessiert ihn schon mehr. Wir haben nun bereits 43 Kilometer auf der einstigen Trasse des »Bockls« zurückgelegt und die Tour neigt sich dem Ende zu. Ein längeres, kühles Waldstück noch und dann sind wir bereits in Eslarn, dem Schlusspunkt des Bocklweges.

Ein erfrischendes Bad im westlich des Ortes gelegenen Atzmannsee bietet sich jetzt an und die Entscheidung naht, den Weg entweder wieder zurückzuradeln, den Bus nach Neustadt zu nehmen oder – eine viel reizvollere Idee – einfach weiterzufahren. Auf dem Paneuropa-Radweg bis nach Prag. Oder zurück über unseren Startpunkt Neustadt und gleich nach Paris? Coole Sache, mit dem Tandem nach Paris. Na ja, vielleicht beim nächsten Mal.

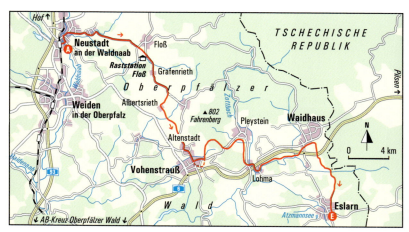

MIT DEM TANDEM AUF DEM BOCKL-RADWEG

■ AUSGANGSPUNKT
Neustadt an der Waldnaab. Mit dem Auto und öffentlichen Verkehrsmitteln (Bahnhof) erreichbar; Parken: direkt an der Bahnstation.

■ ENDPUNKT
Eslarn. Von dort entweder mit dem Rad auf gleichem Weg oder mit dem Bus über Weiden zurück nach Neustadt. Das Fahrrad muss in diesem Fall allerdings separat mit dem eigenen Auto geholt werden.

■ ÜBERNACHTUNG
Raststation Floß, Vohenstraußer Straße 21, 92685 Floß, Tel.: 09603/903790, www.raststation-floss.de.

■ ESSEN
Gasthof Lang, Tillyplatz 15, in Eslarn.

■ INSIDERTIPPS
Zoigl-Bier-Gaststätten in Neustadt, deftige Brotzeiten, abwechselnd geöffnet. Infos im Fremdenverkehrsbüro, Stadtplatz 34, Neustadt, Tel.: 09602/791050.

■ AUSRÜSTUNG
Tandem und alles, was man zum Radfahren braucht (z.B. Flickzeug oder noch besser: Schlauchflickspray). Ein Tandem ist ziemlich teuer, mit 800 Euro sind Sie, auch bei der einfachsten Ausführung, sofort dabei. Die Planung beginnt also für die meisten damit, sich entweder eines gebraucht zu kaufen oder im Radgeschäft auszuleihen. In einen Kombi oder Van bekommen Sie es problemlos hinein.

Ansonsten gibt es überall an der Strecke Verleihstationen für Räder, u.a. am Ausgangspunkt und Tandem-Verleih beim Radlpoint am Bockl-Radweg, Zacharias-Frank-Straße 11, 92660 Neustadt a.d. Waldnaab, Tel.: 0171/7205955.

Eventuell Badezeug und eine Karte mitnehmen, z.B. KOMPASS-Karte 192, Nördlicher Oberpfälzer Wald. Ein Faltprospekt sowie weitere Radinformationen sind bei den Tourismuszentren erhältlich. Tourismuszentrum Oberpfälzer Wald, Landkreis Neustadt a.d. Waldnaab, Stadtplatz 34, 92660 Neustadt a.d. Waldnaab, Tel. 09602/791060, www.oberpfaelzerwald.de;
Tourist-Information Eslarn, Marktplatz 1, 92693 Eslarn, Tel.: 09653/920735, www.eslarn.de.

Ein bedeutender Schritt –
barfuß übers Feuer laufen

»Ich gehe für dich durchs Feuer.« Was dieser Satz tatsächlich bedeutet, wird einem erst klar, wenn man selbst vor den Flammen des Feuers steht. Flammen, die fast zehn Meter hoch in den Himmel züngeln, Flammen, die so viel Hitze ausstrahlen, dass sie wie eine unsichtbare Mauer wirken. Eineinhalb Stunden später wird 600 Grad heiße Glut am Boden liegen und wir werden auf ihr laufen. In manchen Kulturen ist es ein Ritual, dass der junge Mann durchs Feuer muss, um erwachsen zu werden. Erst allein, dann zusammen mit dem Vater. Ich gebe zu, ich habe ein bisschen Angst.

CHARAKTERISTIK
Keine Mutprobe, eine Lebenserfahrung.
DAUER
Ein Tag.
ALTER
Ab 7 Jahre.
BESTE MONATE
Jederzeit.

UMGEBUNG ★ ★
AUFWAND ★ ★
SPORTLICHER ANSPRUCH ★
TEAMBUILDING ★ ★ ★ ★

»Es hat riesige Überwindung gekostet, aber vielleicht habe ich dadurch gelernt, auch andere Situationen selbstsicherer anzugehen.«

Dieses Abenteuer hat uns berührt, es begann und endete ganz anders, als wir erwartet hatten, und es hält auch heute noch ein bisschen vor. Feuerlaufen hat viel mit Spiritualität zu tun, mit Reflexion über das eigene Leben, und erst dann mit Überwindung.

Daher wäre dieses Erlebnis verschenkt, wenn es mit dem falschen Lehrmeister zum banalen Spaßevent würde. Ich habe daher lange gesucht, Internetseiten und Kommentare gelesen, bis ich bei Peter Hampel landete. Feuerlaufen für Firmen mache er nicht, erklärte er gleich beim ersten Kontakt. Für ihn ist die Spiritualität wichtig und das langsame Annähern an dieses sehr bedeutende Erlebnis. »Früher war der Feuerlauf oft ein Männlichkeitsritual. So wie sich bei den Indianern der junge Mann drei oder vier Tage allein in der Natur aufhielt und dann als vollwertiges Stammesmitglied zurückkam«, berichtet Hampel. Für ihn gehört die intensive Vorbereitung auf den Lauf zum Ritual. Einfach mal übers Feuer laufen gibt es bei ihm nicht. Es war genau dieser Ansatz, der mir gefiel und ausschlaggebend dafür war, dass meine Wahl auf Peter Hampel fiel.

Losgefahren sind wir in Oberbayern, gelandet in Niederbayern – und zwar bei Schamanen. Kein Witz: Hampel ist praktizierender Schamane, der den Feuerlauf abwechselnd in Dachau oder beim »Wolfflüsterer« in Herrngiersdorf durchführt. Der »Wolfflüsterer« Karl-Heinz Brunner fährt auf Wunsch gern mit seinen Gästen in den Bayerischen Wald und streichelt am Zaun eines Geheges dann die Wölfe, die eigenartigerweise seine Nähe suchen. Andere sollten die Finger lieber jenseits des Zaunes lassen. Alles ist ein bisschen seltsam hier in Herrngiersdorf. Gut 200 Meter vor der Ortseinfahrt (von Regensburg kommend) zweigt ein Weg links von der Straße ab und wir stehen vor einem Steinkreis, in dem eine altarähnliche Skulptur steht. Lukas ist leicht irritiert, vor allem, als wir uns begrüßen und vorstellen. Das liegt nicht nur an dem Gelände, das umgeben ist von Maisfeldern und Äckern, sondern vor allem an den Mit-Feuer-Läufern: ein knappes Dutzend Menschen, das sich erstaunlich offen zeigt und an diesem Tag ein außergewöhnliches Erlebnis genießen will.

Als sich alle auf Hampels Geheiß nun um den inneren Rand des Steinkreises stellen, wird Lukas noch skeptischer, und als der Lehrmeister beginnt, den Teilnehmer links von ihm »abzurasseln«, fürchte ich, dass er gleich panisch davonrennt. Hampel erklärt, dass nun jeder mit einer Handrassel, in der sich Körner befinden, seinen linken Nebenmann von oben nach unten und nach allen Seiten von bösen Geistern befreien und die Rassel dann weitergeben soll. Hampel misst der Rassel aber noch viel größere Bedeutung zu: »Wird sie fest und kraftvoll geschüttelt, kann sie das Bewusstsein aufrütteln und lockern. Wird sie sanft geschüttelt, wirkt sie beruhigend und hilft beim Einschlafen. Sehr schnell geschüttelt, ruft sie eine Erwartungs-

haltung hervor. Bei Heilungszeremonien hilft sie, gestaute Energie zu lösen. Die Schwingungen und Geräusche vertreiben selbst die unangenehmsten Geister.« Lukas glaubt das eher nicht, erkennt aber bei der Zeremonie, die er ausgerechnet bei mir durchführen muss, dass eine gewisse Ruhe und Konzentration in der Runde entsteht, die ihm gefällt. Das »Räuchern« ist der zweite Teil der Vorbereitung: Mit einem kleinen Räucherkessel, in dem Weihrauch und Harz glimmen, und einer Handvoll weißer Federn wedeln sich die Teilnehmer nacheinander Rauch zu. Auch das soll böse Geister vertreiben. Bei Lukas funktioniert es schon. Mein sonst recht strenger Junior ist heute ganz besonders gnädig zu mir.

Die Atmosphäre ist ruhig und entspannt, der ein oder andere hat Kuchen oder Kaffee mitgebracht und Hampel schlägt vor, ein wenig zu trommeln. Zu siebt stehen wir an der großen Schamanentrommel, einer gibt den Takt vor und alle anderen machen mit. Als der Lehrmeister danach vorschlägt, ich soll mich unter die Trommel legen, während einer der Teilnehmer einen mal ruhigen, mal etwas schnelleren Takt schlägt, fürchte ich allmählich, doch ein wenig zu rational für diesen Tag zu sein. Ich lege mich trotzdem darunter, ein wenig widerwillig zwar, erkenne aber sehr schnell, dass die Schwingungen so real fühlbar sind, dass sie nicht wegdiskutiert werden können. Seltsam ist dieser Bass, wie er durch den Körper strömt. Man kann ihn spüren wie bei einem Rockkonzert, nur dass die Frequenz nicht aggressiv, sondern beruhigend wirkt. Sehr erstaunlich.

Da Lukas der jüngste der Teilnehmer ist und zudem langsam auf der Schwelle steht, ein Mann zu werden, will Hampel die Bedeutung für ihn speziell herausstellen. »Ich widme dieses Feuer heute Lukas«, sagt er und mein etwas introvertierter Ältester ist vorsichtig erfreut. Einerseits ist er stolz, dass seine »Reife« auch von anderen erkannt wird, andererseits hat er von Beginn an offen gelassen, ob er dann auch tatsächlich über die glühenden Kohlen gehen will. Über ein ihm gewidmetes Feuer nicht zu laufen, wäre ihm aber sicherlich peinlich. Ich sage nichts, ich warte ab.

Balken für Balken schlichten wir den Holzstapel auf. Eineinhalb Ster Fichtenholz sind das, alles Meterstücke, eine gewaltige Menge. Schließlich soll die Glutbahn fünf bis sechs Meter lang werden. Lukas darf den Stapel entzünden, danach sitzen wir auf Holzbänken rund um die Feuerstelle und beobachten, wie sich die Flammen

langsam durch die Balken fressen und in den Himmel steigen. Gut eineinhalb Stunden geht das und die Hitze ist
mitunter so unerträglich, dass wir sechs, sieben Meter
vom Feuer entfernt sitzen müssen.

Hampel hat etwas vorbereitet, was die besondere Atmosphäre dieses Abends ausmacht und ihm die angemesse-
ne Tiefe gibt. Er verteilt Zettel und Kugelschreiber. Genau
acht Worte stehen auf dem Blatt: »Was bin ich bereit,
ins Feuer zu geben?« Der Lehrmeister will, dass wir das
Feuer und das Durchschreiten der Glut symbolisch begrei-
fen. »Das Feuer gibt uns etwas, indem es uns hilft, uns
zu überwinden«, sagt er. »Und wir lassen dafür etwas
im Feuer zurück.« Schlechte Gedanken können das sein,
Verhaltensweisen, die wir nun tatsächlich ändern wollen, Entscheidungen, die endlich in die eine oder andere

Richtung getroffen werden müssen. Es wird nun ganz ruhig, als alle Teilnehmer tief in sich versunken darüber nachdenken, was sie mit dem Gang über die glühenden Kohlen abwerfen wollen. »Man muss sich dem Feuer langsam nähern, bevor man über die Glut läuft«, verdeutlicht Hampel. Einer nach dem anderen tritt kurz danach vor das Feuer und wirft seinen Zettel hinein. »Bleibt noch kurz stehen«, sagt Hampel, »und schaut zu, wie sich alles auflöst.« Die Atmosphäre ist seltsam. Ein bisschen heiter, ein bisschen angespannt, weil der Holzstoß nun immer mehr in sich zusammensackt. Lange kann es nicht mehr dauern.

Langsam senkt sich die Nacht über das Gelände und Hampel hebt den Eisenrechen in die Glut. Es ist so weit. Vorsichtig zieht er sie in die Länge und schiebt sie dann seitlich zu einem schmalen Laufsteg zusammen. Ein Laufsteg aus abschreckender, gefährlich glühender Holzkohle. Er bietet an, als Erster über die Glut zu laufen, doch einer der Teilnehmer würde selbst gerne den Anfang machen. Danach möchte ich – bevor mich womöglich doch noch

der Mut verlässt. »Beim ersten Mal möglichst schnell hinübergehen«, rät Hampel. »Wenn du dich innerlich gut vorbereitet hast und dir kein Kohlestückchen zwischen den Zehen stecken bleibt, passiert dir auch nichts.« Ihm selbst blieb gleich beim ersten Mal ein glühendes Stück zwischen zwei Zehen stecken. Dummer Zufall: Er konnte es erst nach etlichen Sekunden entfernen, weil ein euphorischer Freund ihn umarmte und ihm gratulierte.

Der erste Teilnehmer rennt los, schreit erleichtert auf, als er auf der anderen Seite ist, und dann komme ich dran. Lukas beobachtet mich genau, aber ich konzentriere mich nun vor allem auf die Kohlen, die wie ein kleiner Lavastrom vor mir auf dem Boden glimmen. Es knirscht ein wenig, als ich auf die Glut steige. Ein bisschen heiß wird es an den Sohlen erst, als ich den Fuß wieder hebe, dann geht es weiter. Vier, fünf Sekunden fürchte ich, die Konzentration zu verlieren, als ich kurz vor dem Ende der Bahn denke, dass jetzt doch die Schmerzen kommen müssten. Doch dann bin ich auf der anderen Seite, nichts tut weh und es überströmt mich ein unfassbares Glücksgefühl. Wahrscheinlich tut nichts besser, als sich selbst überwunden zu haben. Lukas zögert noch, sitzt im Gras und schaut zu, wie einer nach dem anderen losläuft. Ich sage nichts. Dann steht er auf, geht zur Bank und zieht Schuhe und Socken aus. Ich juble, schweigend. Wortlos geht er auf die Glut zu, zögert kurz, konzentriert sich – und läuft dann einfach los. Strahlend reiße ich ihn in meine Arme (er hat nichts zwischen den Zehen) und sein glücklicher Gesichtsausdruck lässt keine Fragen offen. Wahrscheinlich war er derjenige, der sich heute am meisten überwinden musste.

Zwei-, dreimal laufen Lukas und ich nun immer lang-samer, schließlich fast gemächlich über die Glut, einmal sogar gemeinsam, Hand in Hand. Es ist ein erhebendes Erlebnis, das noch Tage anhält. Als wäre doch etwas dran und als würde es sie doch geben, die positiven Schwingun-gen des Schamanenfeuers. Die Zehen bitzeln ein bisschen, ansonsten sind sie unversehrt, aber rabenschwarz. Später sitzen wir sogar Arm in Arm da und schauen beim Essen im Erdhaus des Wolfflüsterers in ein nun weit kleineres Feuer. Eines, das nur wärmt, nichts weiter. Ein denkwürdiger Tag für die Beziehung zwischen Vater und Sohn.

Was wir hinter uns gelassen haben an diesem Abend, verraten wir übrigens nicht. Nicht einmal uns gegen-seitig.

EIN BEDEUTENDER SCHRITT

■ ORT
Dachau oder Herrngiersdorf bei Abensberg. Die Anfahrt nach Dachau ist auch mit öffentlichen Verkehrsmitteln (Zug oder S-Bahn, Bahnhof Dachau) möglich.

■ VERANSTALTER
Peter Hampel, Pollnstraße 3, 85221 Dachau, Tel.: 08131/278626, www.schamanen-trommel.de.

■ ÜBERNACHTUNG
Diejenigen, die spätabends nicht mehr nach Hause fahren wollen, können auf dem Gelände mit Schlafsack (überdachter Schuppen) oder im eigenen Zelt, Wohnwagen, Wohnmobil übernachten.

■ ESSEN
Teil des Feuerlaufes ist ein gemeinsames vegetarisches Essen.

■ INSIDERTIPPS
Toleranz und Gelassenheit mitbringen für ein bewegendes Erlebnis.

■ AUSRÜSTUNG
Normale Kleidung.

Auf dem Bayerischen Amazonas

AUF DEM BAYERISCHEN AMAZONAS

Lautlos gleitet das Kanu durch das Wasser, vorsichtig stechen wir die Paddel durch einen Teppich rosafarbener Blüten. Dann müssen wir uns ganz tief in das Boot ducken, weil dicke Äste umgestürzter Bäume weit über den Bach ragen. Wir versuchen, uns unter ihnen hindurchzuquetschen. Wir sind auf dem Bayerischen Amazonas, nur ein paar Kilometer von Passau entfernt. Es ist eine abenteuerliche Kanutour durch die Auwälder und sie ist für Jungs gleich in mehrfacher Hinsicht wertvoll: Zum einen ist sie spektakulär und mit Buben jeden Alters möglich, zum anderen weckt Sie bei Ihrem Sohn eventuell ein bisschen Abenteuerlust – und die Freude, in unberührter Natur unterwegs zu sein.

CHARAKTERISTIK
Einfache Kanutour für Naturliebhaber auf teils breitem Fluss, teils schmalem Bächlein, wenig Strömung.
DAUER
Ab 4 Stunden bis mehrere Tage, je nach Lust und Laune.
ALTER
Ab 3 Jahre.
BESTE MONATE
Im Frühjahr, Sommer, Frühherbst.

UMGEBUNG ★ ★ ★ ★
AUFWAND ★
SPORTLICHER ANSPRUCH ★
TEAMBUILDING ★ ★

> *»Man fühlt sich wirklich wie im Dschungel, weil alles so dicht bewachsen ist, und das Paddeln zu zweit war entspannt und gemütlich.«*

Manche Touren sind heute noch Geheimtipps. Einfach deshalb, weil sie so unspektakulär daherkommen, dass der ein oder andere abwinkt. Und das ist gut so, denn nur so entfaltet sich ihr Reiz. Ganz allein sind wir unterwegs auf einer der beiden Strecken, die Wolfgang Eder vom Dschungelcamp Neuhaus die »Touren durch den Bayerischen Amazonas« nennt. Er bietet Ausflüge als Paket an, Boot und Transport inbegriffen, verleiht aber auch Kanus an diejenigen, die auf eigene Faust lospaddeln möchten. Zur Auswahl stehen zwei Routen: Es gibt eine gemütliche und eine spannendere, etwas anstrengendere Tour. Die gemütliche, die Felix und ich wählen, beginnt 50 Meter hinter dem Parkplatz direkt an der Rott, die hier ganz gemächlich in den längst nicht so ruhigen Inn fließt. Doch keine Angst, auch unerfahrene Kanuten starten ganz locker und mühelos. An einem kleinen Holzpodest am Ufer geht es los und wir paddeln flussaufwärts. Das ist einfacher als gedacht, mühelos gleitet das Kanu, angetrieben von ein paar Paddelzügen, gegen die sanfte Strömung auf der Rott dahin. »Hey, das geht aber leicht«, staunt Felix, als wir einen gemeinsamen Rhythmus gefunden haben und plötzlich unerwartet schnell werden. Aber eigentlich passt uns das gar nicht.

Wir wollen die gemeinsame Zeit genießen, wollen langsam und gemütlich dahingleiten und der Schnelligkeit des Alltags entfliehen. Die Flusslandschaft vom Boot aus ganz in Ruhe zu betrachten, ist wunderbar entspannend und deshalb paddeln wir bald viel langsamer. Das Rauschen des nun immer ferneren Inns wird schwächer, dafür treten die intensiven Geräusche des Auwaldes in den Vordergrund: das Rascheln der Blätter im sanften Wind, Vogelstimmen, obwohl erstaunlich selten Vögel zu sehen sind, das Quaken der Frösche.

Manchmal springt in dem schmalen Bach, in den wir nach gut 300 Metern links hineingleiten, ein Fisch und platscht sofort wieder zurück in das Wasser. Nichts ist hier von Menschenhand geschaffen. Farne hängen bis auf die Wasseroberfläche, wie einen Vorhang schieben wir sie beiseite, paddeln um dicke Wurzeln oder modrige Baumskelette. Einst mächtige Stämme, die vor Jahrzehnten ins Wasser stürzten. Längst haben Schlingpflanzen und Moos sie erobert.

Immer wieder halten wir an und lassen die halbdunkle, mitunter ein wenig gruslige Atmosphäre auf uns wirken.

»Können wir kurz aussteigen?«, fragt Felix, der wissen will, wie es an Land weitergeht. Es dauert ein bisschen, ehe wir eine Stelle gefunden haben, wo wir, ohne in den tiefen Matsch steigen zu müssen, ans Ufer können. Wir binden das Boot an einem Ast fest und schlagen uns ein paar Meter durch den dichten Auwald. Felix ist fasziniert, wie unwegsam das Gelände ist, wie schwierig es ist, voranzukommen.

Außerdem ist er viel aufmerksamer als ich. Immer wieder sieht er einen einsam dahinkrabbelnden Käfer, einen seltsam geformten Ast oder eine türkis schillernde Libelle. Zurück im Boot, paddeln wir noch gut eine Stunde das schmale Bachbett entlang. Um etliche Mückenstiche reicher, sind wir ganz froh, als wir wieder auf die breite Rott stoßen und im Sonnenschein dahingleiten.

Gut eine Viertelstunde flussaufwärts geht die Rott in einen riesigen See über. Ganz im Norden des Sees zweigt – wiederum kaum zu sehen – links ein kleines Bächlein ab, das schnell immer schmaler wird und dann endet. Wir aber bleiben auf der Rott und paddeln unter eine malerische überdachte Holzbrücke. Da Felix breite

Brückenpfeiler mitten auf dem Fluss spannend findet, darf er aussteigen. Ich erlaube mir den kleinen Scherz, einfach weiterzurudern und ihm das Szenario zu schildern, wie kühl und ungemütlich eine Nacht auf dem Pfeiler wohl wäre. »Mama würde dich umbringen«, dreht Felix den Spieß um und da er wohl recht hat, darf er auch schnell wieder ins Boot.

Wir paddeln noch ein bisschen vor uns hin, es ist entspannend, einmal kein Ziel zu haben, einfach das Flussufer rechts und links zu mustern und ansonsten den Nachmittag vorbeigleiten zu lassen. Da wir über Nacht bleiben wollen, ist auch die Zeit kein Faktor, wir paddeln ziellos immer flussaufwärts dahin. Nach einer Weile beginnt Felix zu plaudern. Nett ist es und lustig, auch wenn ich ab und an vorsichtig versuche, die Themen in andere Richtungen zu lenken.

Es ist unglaublich, wie lange so ein 15-Jähriger über die Helden, Variationen oder hochdramatischen Ereignisse in Computerspielen schwärmen kann. Ein wenig surreal ist das ob der unberührten Natur um uns herum, aber es ist auch eine gute Gelegenheit, einmal die Gedankenwelt, in der der eigene Sohn – ansonsten meist für sich allein – unterwegs ist, kennenzulernen.

Wir passieren ein paar Angler, die ruhig am Ufer sitzen, sehen gewaltige Baumriesen, virtuos verzweigt. Für mich wäre es als Kind ein Traum gewesen, mit Hammer, Nägeln und Brettern ein paar Meter über dem Fluss ein wunderbares Baumhaus zu bauen. Ein Traum sind auch die wenigen Wohnhäuser, die hier nahe am Ufer stehen. Felix und ich stellen uns vor, wie es wäre, jeden Morgen mit einem Blick auf den Fluss zu beginnen. Im Frühjahr und

Herbst würde dicker Nebel über das Wasser ziehen und im Sommer bereits die Sonne den Morgentau trocknen. Doch nun ziehen dicke Wolken in unsere Richtung. Es wird Zeit, zurückzurudern. Sicher, wir haben Regenjacken und auch -hosen dabei, haben aber keine Lust, im Regen zu paddeln. Der Rückweg geht wesentlich schneller, außerdem haben wir nun richtig Spaß daran, auszuprobieren, wie viel Tempo wir mit dem Kanu machen können. Felix ist begeistert, als wir fast über das Wasser fliegen. Auf der Wiese direkt an der Rott schlagen wir später unser Zelt auf. Es ist ein sehr inniges Gefühl, abends gemeinsam noch lange am Fluss zu sitzen und über das Wasser zu schauen. In der Ferne sind die Lichter von Schärding zu sehen – und wenn die vielen Mücken nicht wären, würden wir noch viel, viel länger sitzen bleiben.

Felix ist ganz heiß darauf, am nächsten Tag auch noch die zweite Tour auszuprobieren. Dafür schließen wir uns einer

Gruppe an. Die Exkursion auf dem Kößlarner Bach umfasst eine Strecke von zwölf Kilometern – das kann schon ein bisschen anstrengend werden. »Ich hab noch nie einen erlebt, der nach dieser Fahrt noch zusätzlich paddeln wollte«, erzählt Veranstalter Eder. An einer kleinen Brücke inmitten der Inn-Auen, in Bärnau, das gut drei Kilometer unterhalb von Bad Füssing liegt, beginnt die Tour. Dreieinhalb Stunden fahren wir durch die Wildnis, die Eder als »Klein-Kanada in Niederbayern« bezeichnet. Der Vorteil der geführten Tour: Der Bootstransfer ist bereits geregelt und der Guide erklärt die verschiedenen Pflanzenarten, zeigt uns Minzefelder und die Wasserpest.

Wer die Tour auf eigene Faust macht, muss für den Transport selbst sorgen. Das allerdings ist aufgrund der Busverbindungen äußerst unpraktisch. Eine Variante wäre, mit dem Auto zur Staustufe Schärding zu fahren, es dort stehen zu lassen und das Kanu zum Kößlarner Bach zu tragen. Der fließt gut 300 Meter unterhalb der Staustufe in den Inn. Der Nachteil: Sie müssen den Bach nun entgegen der Fließrichtung rudern.

Doch auch dies ist eine schöne, ruhige und vor allem erholsame Tour: Kurz bevor wir am frühen Abend zurück in Richtung Heimat fahren, gehen wir noch einmal ans Ufer der Rott und schauen auf den Fluss. »Hat richtig Spaß gemacht mit dir«, sagt Felix, grinst mich an und überlegt dann: »Warum kaufen wir uns eigentlich nicht ein eigenes Kanu?« Gute Idee, anscheinend hat diese Unternehmung die Lust geweckt, draußen in der Natur unterwegs zu sein – und vielleicht ist ein »Dschungel« zum Anfassen künftig zumindest fast so interessant wie die virtuellen Welten eines PC-Spieles. Wir werden sehen.

■ AUSGANGSPUNKT

Neuhaus am Inn. Die Anfahrt ist auch mit öffentlichen Verkehrsmitteln möglich: mit dem Zug nach Sulzbach (Inn), von dort mit
dem Bus nach Neuhaus.

■ VERANSTALTER

Dschungelcamp Neuhaus, Sulzbacher Straße 1, 94152 Neuhaus
am Inn, Tel.: 08503/8010, www.dschungelcamp-neuhaus.de;
in Neuhaus am Inn Richtung Grenzbrücke nach Schärding fahren,
kurz vor der Brücke befindet sich rechts im Unterholz das Camp.
Das Dschungelcamp verleiht Kanus und bietet Touren an, bei
denen Kanu und Transport im Preis inbegriffen sind.

■ ÜBERNACHTUNG

Wer über Nacht bleiben will, kann die Campingwiese neben dem
Dschungelcamp nutzen, auch Wohnmobile sind möglich. Infos
bei Sport Eder, dem Veranstalter des Dschungelcamps.

■ ESSEN

Etliche Lokale in Neuhaus oder auch in Schärding (Österreich).

■ INSIDERTIPPS

Angler sollten ihre Ruten mitnehmen und Camper Mückenmittel
nicht vergessen, schließlich sind wir im »Dschungel«.

■ AUSRÜSTUNG

Kanu (selbst mitbringen oder bei Sport Eder reservieren), eventuell Schwimmwesten.

Huliodürü –
damit wir was Eigenes haben

Diese Unternehmung ist eine echte Herausforderung. Dabei ist sie körperlich weitgehend anspruchslos und verlangt keine besonderen Fähigkeiten. Die Schwierigkeit besteht lediglich darin, Ihren Sohn diesen Text vorher nicht lesen zu lassen und ihn zu überzeugen, bei diesem wunderbaren Blödsinn überhaupt mitzumachen. Am Ende bleibt ein Erlebnis der ganz besonderen Art – und ein hochoffizielles Zertifikat: das Jodeldiplom.

CHARAKTERISTIK
Leichte Wanderung mit kurzen Jodelschulungen.
DAUER
Als Halbtagestour 4 bis 5 Stunden, als Ganztagestour ist es allerdings noch schöner; reine Wanderzeit 45 Minuten (Länge: 5 Kilometer, Höhenmeter: 100).
ALTER
Ab 6 Jahre.
BESTE MONATE
Wann immer die Stimme gut geölt ist.

UMGEBUNG ★ ★ ★ ★ ★
AUFWAND ★
SPORTLICHER ANSPRUCH ★
TEAMBUILDING ★ ★ ★

> *»Das hat sich schrecklich angehört. Vor allem, als Papa gejodelt hat. Unseren Jodellehrer, ein lustiger Kerl, habe ich gleich gemocht.«*

»Ich komme mit, aber ich jodle ganz sicher nicht!« Was will man mit so einer Aussage anfangen? Lohnt es sich unter einer solchen Voraussetzung überhaupt, loszufahren zu dieser Vater-und-Sohn-Tour? Will Felix vielleicht nur deshalb mitkommen, weil er sehen will, wie ich mich blamiere, während er selbst grinsend danebensteht? Spekuliert er einfach darauf, einen netten Ausflug mit Hüttenbewirtung spendiert zu bekommen – und trotzdem nicht jodeln zu müssen? Oder rechnet er insgeheim doch damit, die Stimme zu erheben? Wir werden sehen.

Zunächst aber treffen wir Horst Biewald. Lederhose, Strohhut, Sonnenbrille und ein Lausbubenlächeln, als wäre er einem der alten Ludwig-Thoma-Filme entstiegen. Ein ungewöhnlicher Mensch, der Berufe sammelt wie andere Briefmarken: Jodellehrer ist er, Feinmechaniker, Landschaftsgärtner und vor allem Musiker. Denn der Beruf »Künstler« steht bei ihm stets ein bisschen im Vordergrund. Biewald will nicht in eingestanzten Bahnen arbeiten und leben, er will seinen Spaß. Und den findet er derzeit vor allem beim Jodeln.

»Das kommt immer mehr«, sagt er. »Die Leute wollen raus in die Natur, sie wollen etwas erleben und Freude haben.« Was bietet sich da mehr an, als ins Voralpenland zu fahren, in die zauberhafte Region zwischen Rosenheim, Chiemsee

und Kampenwand. Dorthin, wo gerade an einem heißen Sommertag so viel Weite und Grün den Augen schmeichelt, dass Felix und ich eigentlich gar nichts tun, sondern einfach nur schauen möchten. Ich frage mich immer wieder, warum wir hier eigentlich nicht einmal Urlaub machen. Vor allem, wenn es so reizvolle Angebote gibt wie das Jodeldiplom.

Je nachdem, wie tief der Aspirant ins Jodelmetier einsteigen möchte, bietet Biewald Halbtages- oder Tageskurse an. Das Diplom freilich bleibt das Gleiche. Auf Wunsch fährt der Referent mit seinen Jodelwilligen erst einmal an den Chiemsee. »Ein kühles Bad nimmt dir den Stress der Autobahn«, sagt er. Außerdem sollen die Schwimmbewegungen schon einmal die Lungenflügel entfalten, aus denen in ein paar Minuten bereits ganz wunderbare Weisen durch steile, einsame Bergtäler klingen werden.

Einsamkeit ist schon allein deshalb empfehlenswert, da ein Jodler gern mal mit einem Hilfeschrei verwechselt wird. Ein Wanderer, der uns entgegenkommt, als wir nach kurzer Fahrt an einem Parkplatz losgehen, erzählt die Geschichte eines Asiaten. Bestens integriert war der Inder in die baye-

rische Kultur, so gut sogar, dass er auch den traditionellen Gesang erlernen wollte. Daraufhin jodelte er in der Bergwelt rund um die Kampenwand so kraftvoll wie engagiert, dass plötzlich die von anderen Wanderern alarmierte Bergwacht anrückte. Kein Witz, betont unser Wanderer, alles wahr.

Nur Felix scherzt, dass sie ihn wohl geknebelt und – Asterix-Fans werden sich erinnern – wie den armen Troubadix zum Schweigen gebracht hätten. Wie schräger Gesang früher enden konnte, erzählt ab und an auch der Opa von Felix: Er hatte als verschüchterter, unschuldiger zwölfjähriger Bub von seinem Lehrer völlig unvermittelt eine kräftige Watschn verabreicht bekommen. Der Lehrer unterstellte, der kleine Sixt hätte im Musikunterricht absichtlich so falsch gesungen. Biewald versteckt uns und sich vorsichtshalber irgendwo im Bergwald, weit weg von menschlichen Ohren und zarten Gemütern. »Wir fangen ganz einfach an. Stellt euch vor, da kommt von rechts nach links eine Mücke geflogen, die macht ›düüüüüüüüüüü‹«, sagt er und beschreibt beim »düüüüüüüüüüü« einen Halbkreis über seinem Kopf. Felix stutzt nur kurz, dann macht auch er mit. Ein dreistimmiges

»düüüüüüüüüü« schallt durch den sonnendurchschie-
nenen Wald. »Dann kommt von der anderen Seite eine
zweite Mücke, die macht ›rüüüüüüüüüü‹.« Wir schwen-
ken die Arme und singen: »Düüüüüüüüüüürüüüüüüüü.«
Felix klingt mit seiner soeben entdeckten Männerstimme,
sagen wir, gewöhnungsbedürftig. Sängerknabe dürfte er
nicht mehr werden. Ich selbst war früher ein guter Sänger,
meine glockenklare Stimme brachte alte Damen zum
Weinen. Heute weinen die Damen aller Generationen, wenn ich nicht aufhöre – und genauso klingt mein
»Düüüüüüürüüüüüh« dann auch.

»Hulio findet seinen Namen so toll, dass er ihn laut singen
muss. Wann immer der Käfer durch den Wald brummt«,
sagt Biewald, »und von unten nach oben fliegt, singt er
›Huuuuuulioooooo!‹.« Wir gehen leicht in die Knie, schon
um lockerer zu werden, schwingen den Arm würdevoll nach
oben und rufen in den Wald: »Huuuuuulioooooo!«

»Setzen wir nun alles zusammen. Der Käfer singt und
die Mücken surren. Zuerst der Käfer, dann die Mücken«, grinst Biewald. »Huuuuuuuuuuuuuulioooooooooooo
Düüüüüüüüüüüüürüüüüüü,« singt nun auch Felix, der
ein wenig überrumpelt wirkt, den ersten Jodler seines
Lebens. Derart verzückt von uns bislang verwehrt geblie-
bener bayerischer Lebensart, wagen wir uns an unser ers-
tes komplettes Lied. Kriech- oder Summtiere als Hilfe sind
nun nicht mehr nötig, Texte und Noten hat Biewald für
uns mitgebracht und wir sind nun schon richtig heiß auf
Fredl Fesls »Königsjodler«. »Da müsste man lang üben«,
zerstört er unsere Hoffnungen, allerdings schätzt er diese Verballhornung eines Jodlers nicht allzu sehr. Jodeln
hat für ihn mit Leidenschaft zu tun, der Spaß muss vom

Jodeln kommen – und hört dort demzufolge auch auf. Also gut, dann kein Königsjodler. Biewald hat aber auch so ganz bezaubernde Stücke dabei. Zum Beispiel das »Bibihendal«. Die erste Strophe: »Wia i bin auf d'Alma, Alma ganga, hams ma wolln mei Bibihendal fanga. Gäi, mei Bibihendal, gäi, bibi, gäi, mei Bibihendal, jetzt duckst di.«
Auch die des Bayerischen nicht mächtigen Sangeskünstler dürften mit dem textlichen Inhalt nicht überfordert werden. Übersetzt heißt es in etwa: »Als ich auf die Alm gegangen bin, wollten sie mir mein Hähnchen fangen. Gell, mein Hähnchen, jetzt duckst du dich.« Danach muss der Jüngste, also in diesem Fall Felix, achtmal piepsen – »bi bi bi bi bi bi bi bi« –, anwesende Frauen sollen sechsmal gackern – »baaag baaag baaag baaag baaag baaag« – (»weil so viele Eier passen in einen kleinen Karton«) und der älteste anwesende Herr darf wie ein Hahn krähen. Alles im Takt und Biewald spielt mit der Gitarre dazu. Was nun noch fehlt, ist der Jodler:

»Holla de dü rü – holla ro dü rü« und so weiter.
Nachdem das schon ziemlich herzzerreißend durch den Wald fegt, packt Biewald die Teufelsgeige aus. Damit auch den gefühllosesten Ignoranten klar wird, dass es sich hier um Musik handelt. Die Teufelsgeige ist ein urbayerisches

HULIODÜRÜ

Musikinstrument, das aus einer kleinen Trommel, einem daran befestigten Stecken aus Treibholz, einem Besenstiel und ein paar Löffeln besteht. Und natürlich einer Teufelsfigur. Die allerdings hat Biewald durch einen Kasperl ersetzt: »Der sieht doch netter aus als so ein Teufel.« Mein Sohn kann nun beweisen, wie es musikalisch um ihn bestellt ist. Der Besenstiel kommt auf seine Schulter, zeigt nach vorne und Felix schlägt mit einem Kochlöffel einen Dreivierteltakt. Damit sich die Töne ein wenig unterscheiden, schlägt er einmal von oben auf den Stiel, einmal von unten und dann klopft er mit dem Löffel hinter seinem Kopf darauf. Gleichzeitig wird gejodelt, gesungen und »bi bi bi bi bi bi bi bi« gezwitschert. Kläglich, aber ein Riesenspaß.

Nach dem »Jodler vom Vomperberg«, dem »Alperer« und dem »Sonnenjodler«, der verwirrenderweise komplett ohne Text auskommt, wechseln wir nicht nur musikalisch, sondern auch tatsächlich zu »In da Oim-Hüttn«. Textlich und inhaltlich stimmen wir nun wieder überein: »Dort gibt's guads Essn grad gnua. Wir feiern und jodeln dazua.« Was schließlich kann man mehr vom Leben erwarten?

Die Wanderung hinauf auf die Sameralm dauert lediglich 20 Minuten und ist landschaftlich wunderschön. Links sehen wir immer wieder die Seitenansicht der Kampenwand, um uns herum entweder Bergwald oder sanfte Wiesen mit Kühen. Bis auf das einprägsame Läuten der Kuhglocken und unsere eigenen Schritte auf dem Kiesweg ist kein anderer Ton zu hören.

Die Alm ist winzig klein, aber charmant. Zwei Bänke stehen direkt vor dem Haus, zwei weitere unter einem Baum und viel mehr Sitzgelegenheiten gibt es auch nicht. Dafür ist der Blick in Richtung Tal an klaren Tagen nicht zu toppen:

Der komplette Chiemsee liegt zu unseren Füßen, samt Königsschloss und Tausenden Segelbooten, die auf dem Wasser schwimmen. Größere Personenfähren durchpflügen das Wasser und wenn der Himmel nicht so weiß-blau wäre wie heute, müsste man ihn genau so anmalen.

Nach der üppigen Brotzeit mit saurem Presssack und einer Radlerhalben geht es in die zweite Jodelrunde. Wir stellen uns an der Rückseite des Biergartens auf, im Rücken das hölzerne Gatter. Dahinter fünf, sechs Kühe, die bereits die Ohren in unsere Richtung drehen. Teufelsgeige, Kochlöffel und Gitarre im Anschlag, stimmen wir ein »Holla rä di-hulio. Dudl ou ru di ri« an – klingt ein wenig nach Loriots »Du Dödel di. Du Dödel du«. In dem Sketch erwirbt Loriots Partnerin Evelyn Hamann als Persiflage auf die weibliche Selbstverwirklichung ein Jodeldiplom: »Dann hab ich etwas Eigenes.« Selbstverwirklichung hin oder her, Biewald wird es langsam und mit steigender Begeisterung unsererseits ein wenig unangenehm. »Die Hütte ist bekannt dafür, dass richtig gute Volksmusiker heraufkommen und hier spielen«, weiß er. Jodelnde Dilettanten sind zwar geduldet, mögen sich aber bitte selbst ein angemessenes Zeitlimit setzen.

Kein Problem, wir laufen 50 Meter abwärts und zücken erneut die Textblätter. Sogar Felix, der geschworen hatte, keinen einzigen Ton zu jodeln, lässt alle Hemmungen fallen: »Bi bi bi bi bi, hulja dürü düdü.« Fehlt nur noch, dass er zu Hause spontan einer Volksmusikgruppe beitritt.

Jetzt, da kein anderer zuhört, ist Biewald begeistert von unserer Sangeskunst. Ein ums andere Lied schallt hinauf zur Kampenwand, wieder und wieder. Ein richtig netter Kerl ist er, der Jodellehrer, und hat selbst eine Menge Spaß dabei, mit uns draußen in den Bergen unterwegs zu sein.

Aber irgendwann ist trotzdem Schluss. Der formelle Akt dieses rundum spaßigen Tages steht an und wir nehmen Aufstellung. »Guad habts es gmacht«, ein Satz, der keiner Übersetzung bedarf, und dann ganz in Hochdeutsch: »Hiermit überreiche ich euch feierlich das Jodeldiplom.« Unterschrieben und gestempelt ist es und auf edlem Papier. Etwas für einen Rahmen und für die Wohnzimmerwand. Und ganz sicher »etwas Eigenes«.

■ ORT
Bernau am Chiemsee. Treffpunkt am Parkplatz der Kampenwandbahn oder nach Vereinbarung. Anfahrt auch mit dem Zug (Bahnhof Bernau) möglich.

■ VERANSTALTER
Horst Biewald, Kampenwandstraße 12, 83233 Bernau am Chiemsee, Tel.: 08051/964596, www.horstbiewald.de; die Kurse sind individuell oder als Gruppentermin buchbar.

■ ÜBERNACHTUNG
Wer über Nacht bleiben möchte, findet ein Gastgeberverzeichnis auf www.bernau-am-chiemsee.de oder kann in der Kampenwandhütte übernachten, falls der Kurs an der Kampenwand stattfindet, www.davplus.de.

■ ESSEN
Auf der Sameralm gibt es typische, einfache Hütten-Brotzeiten.

■ INSIDERTIPPS
Holen Sie ein paar Tage vor dem Kurs die alten Fredl-Fesl-Platten aus dem Plattenarchiv – eine wunderbar launige Vorbereitung.

■ AUSRÜSTUNG
Normale Alltagskleidung oder stilecht in Lederhosen.

Rumgurken im selbst gebauten Kanu

RUMGURKEN IM SELBST GEBAUTEN KANU

Wenn es ein Abenteuer gibt, das meine Söhne beide unbedingt mitmachen wollten, war es das, ein eigenes Kanu zu bauen. Ein Boot aus Holz, zusammengeschraubt an einem Wochenende, das sie auch mit nach Hause nehmen dürfen. Das Los musste entscheiden und dann fuhren Felix und ich neugierig und aufgeregt ins Voralpenland. Irritierenderweise in eine Gurkenmanufaktur.

CHARAKTERISTIK
Handwerklicher Workshop bei einem außergewöhnlichen Menschen.
DAUER
Zwei Tage.
ALTER
Ab 8 Jahre.
BESTE MONATE
Grundsätzlich egal, nur bei der Probefahrt könnte es kalt werden.

UMGEBUNG ★ ★ ★ ★
AUFWAND ★ ★ ★
SPORTLICHER ANSPRUCH ★
TEAMBUILDING ★ ★ ★ ★

»Am lustigsten war, wie ungeschickt Papa gewesen ist, als wir das Kanu ausprobiert haben. Er ist immer gleich im Wasser gelandet.«

»Ich habe meinen Sohn später eingeschult, damit ich mehr Zeit mit ihm habe.« Schon als Reinhard Auer diesen Satz ausspricht, weiß ich, er ist der Richtige. Weil er schon früh erkannte, wie wichtig die gemeinsame Zeit ist, und natürlich auch deshalb, weil er etwas Außergewöhnliches zu bieten hat, bei dem beide – Vater und Sohn – gemeinsam zupacken müssen. Zusammen werden wir an zwei Tagen ein Kanu bauen. Wir werden sägen, schleifen, kleben und schrauben – und das Boot danach anstreichen. Am zweiten Tag schon sollen wir damit auf einem See bei Bad Feilnbach fahren können.

»Das kann gar nicht klappen«, meint Felix und ich bin genauso skeptisch. Als der Bootsbauer uns dann ein fertiges Exemplar zeigt, können wir uns erst recht nicht vorstellen, wie wir so etwas in zwei Tagen bewerkstelligen sollen. Aber dann legen wir los.

Lediglich den Boden hat Auer schon vorbereitet, auf Wunsch kann ihn der Teilnehmer des Workshops aber auch selbst basteln. Der Bootsrumpf besteht aus Sperrholz, die Leisten aus Lärche und ein kleiner Holzgitterrost sorgt dafür, dass der Kapitän nicht gleich beim Einsteigen durchs dünne Sperrholz bricht.

Wer Auers Bootsbau-Workshop bucht, hat zwei Möglich-

keiten. Entweder wohnen Vater und Sohn in Bad Feilnbach, wo der Workshop und die Bootstaufe im Jenbachparadies, einer idyllischen Bachlandschaft südlich des Ortes,
stattfinden (von der Dorfmitte die Wendelsteinstraße stur
gut zwei Kilometer nach oben fahren). Oder sie wohnen
zwar in Bad Feilnbach, bauen das Kanu aber in der »Gurkenwerft« bei Auer in Dietramszell (30 Minuten Fahrzeit
mit dem Auto), erledigen lediglich die Restarbeiten im
Jenbachparadies und lassen das Boot dann dort zu Wasser.
Natürlich gibt es noch die dritte Variante, den Sohnemann
das Boot im Rahmen einer Kindergruppe bauen zu lassen
und selbst im Biergarten zu sitzen. Doch dann wäre man
in die immer gleiche Falle getappt: zwei Tage Ruhe, aber
wieder einmal die Chance verpasst, gemeinsam etwas ganz
Besonderes zu erleben.

Mein Tipp daher: die zweite Variante. Dafür spricht auch,
dass Sie so Auers wunderbares Jugendstilhaus kennenlernen und Ihrem Sohn ganz nebenbei nahebringen können,
wie ein im eigentlichen Sinne alternativer, aber keineswegs
zwanghafter Lebensstil aussehen kann. Die Rückbesinnung
aufs Wesentliche praktiziert Auer ganz selbstverständlich.
Keine Zimmer, die ausgestattet sind wie in Wohnkatalo-
gen, sondern bestückt mit schlichtem, altem Mobiliar, einer
selbst gebauten Dachterrasse, die dem Hausherren in den
Sommermonaten als Open-Air-Schlafraum dient, und einfachen Kaffeetassen, die dennoch blütenweißen Kelchen
gleichen. Einfach zum Wohlfühlen – und ein kleines Para-
dies für Vater und Sohn. Denn Auer lebt hier mit seinem
Sohn Lukas und mit ihm hat er auch die »Gurkenmanufaktur« gegründet.

»Mein Sohn war schon immer gern auf dem Wasser

unterwegs. Mal hat er an unserem Teich gespielt, mal am Dorfweiher«, erzählt Auer. »Und weil ich Zimmerer bin, fiel mir irgendwann ein, dass wir beide ein Boot selbst bauen könnten. So ein Badeboot aus Gummi gefällt mir nicht, eines aus Holz ist spannender.« Also begannen die beiden zu experimentieren. Ein schlichter Sperrholzrumpf sollte es sein, damit auch ein Zehnjähriger sein »Schiff« tragen kann, und so klein, dass es wendig ist. Heraus kam die »Gurke«, die aus Gründen, die Auer auch nicht erklären kann, seinem Gefühl nach immer grau sein muss. Aber warum Gurke? »Wenn man sieht, wie sich die anderen Boote im Wasser bewegen, ist das, was wir mit unserem machen, nicht mehr als ein Gegurke.«

Längst finden die Workshops immer größeres Interesse und weil Vater und Sohn so experimentierfreudig sind, haben sie sogar eine eigene Aktiengesellschaft gegründet: die Gurkenwerke AG. »Ich dachte mir, wenn er daran Spaß hat, ist es doch gut, wenn er ganz nebenbei die Geschäftswelt kennenlernt.« 200 Anteile gibt es, sie sind alle von Lukas handgedruckt, signiert von Vater und Sohn und nicht ganz einfach zu erwerben. Denn die beiden Vorstandsvorsitzenden haben eine fixe Regel aufgestellt: Wer eine Aktie erwerben will, braucht das »Ja« von Vater und Sohn. Die beiden halten je 80 Anteile, die restlichen besitzen Freunde – und eine Investmentbankerin, die sich mit dem Geschäftlichen auskennt.

Die Gurkenwerft selbst ist ein langer, alter Schuppen, in dem eine Werkstatt ihren Platz gefunden hat und ansonsten Raritäten wie der Kühlergrill eines Bugattis herumstehen. Ein Solex-Mofa hängt von der Decke, ein Boot aus edlem Kirschholz liegt auf zwei Holzböcken und in jeder

der unaufgeräumten Ecken überraschen weitere kleine Raritäten – der Albtraum jeder Frau halt. Kein Wunder, dass unsere Augen leuchten.

Überrascht waren Felix und ich aber schon bei der Ankunft. Neben ein paar Edelhühnern und einem Hund stolzieren uns drei Pfaue entgegen – immer argwöhnisch beäugt von der Schäferhundmischung. Denn der Pfauenpapa geht, wenn er schlecht gelaunt ist, in steter Regelmäßigkeit auf den armen Hund los. »Der mag ihn nicht«, sagt Auer. Machen kann er dagegen nichts. Pfaue sind beratungsresistent.

Da das Bodengestell schon fertig ist, schrauben und kleben wir erst einmal die Rückwand an das Boot. Zunächst leimen wir mit einer dicken, zähen Masse aus der Kar-

tusche, danach fixieren wir das Brett mit Schrauben. Erstaunlich schnell steht auf die gleiche Art und Weise auch die erste Seitenwand. »Sieht schon fast wie ein Boot aus«, freut sich Felix. Während wir schrauben und bohren,

erzählt Auer, dass sie viel ausprobiert hätten, bis die heutige »Gurke« als Muster dienen konnte. »Meine Idee ist, die Kinder zu begeistern. Ich will, dass sie erkennen, dass sie so etwas auch selbst bauen können«, erklärt er. »Dieser Workshop soll lediglich der Anfang sein, sich mit dem Bootsbau zu beschäftigen.«

Felix ist längst Feuer und Flamme. Zum einen genießt

er – auch wenn es vielleicht eher instinktiv ist, als dass er es benennen könnte – die beruhigende, stimmige Atmosphäre in der Gurkenwerft. Zum anderen werden die banalen Sperrholzbretter nach drei, vier Stunden immer mehr zu einem Wasserfahrzeug. Ganz abgesehen davon hilft Auer geduldig bei jedem Handgriff, der nicht ganz passt, zeigt uns, dass wir Schraubzwingen auch andersherum anbringen und uns damit ungelenke Verrenkungen sparen können. Oder wie man mit einem Fingernagel und einem Akkuschrauber eine durchdrehende Schraube wieder entfernt.

Ganz locker und entspannt ist er und keineswegs belehrend, wenn uns Hobbyhandwerkern mal ein Handgriff nicht gelingt. Nur eines mag er nicht: »Wer arbeitet, kann

die Hände nicht in die Hosentaschen stecken. Wenn du bei mir angestellt wärst, gäbe es pro Hand in der Tasche nur halbes Gehalt. Du arbeitest dann ja nur zur Hälfte.« Das wirkt: Erschrocken zieht Felix die linke Hand aus der Tasche –

auch wenn er beim Schleifen dann nicht mehr so cool aussieht. »Wer zusammen arbeiten kann, kann auch zusammen leben«, hat mein Vater immer wieder gesagt und hatte mit diesem uralten Spruch sicher recht. Ganz unaufgeregt besprechen wir uns, wenn wir unsicher sind, auf einer ganz anderen Ebene als sonst, keiner emotional geprägten, sondern auf einer Sachebene. Weil Felix geschickt ist, bringt auch er immer wieder konstruktive Vorschläge ein. Eigentlich muss ihm das guttun. Angenehm ist auch, dass Auer vor allem den Kindern stets vermittelt: »Das könnt ihr.« In einem Tonfall, dass für sie kein Zweifel denkbar ist.

Halbzeit! Der Rumpf ist fertig, die Seitenwände und die stabilisierenden Platten vorne und hinten sind am Bootsboden festgeschraubt. Nun muss der Kleber trocknen, bevor es ans Schleifen und Streichen geht. In dieser Pause geht Auer mit seinen Workshop-Teilnehmern gerne Eis essen. Er packt alle, die hineinpassen, in seinen alten R4 – Felix ist völlig irritiert über die extreme Schlichtheit dieses Kultautos und vor allem die eigenartige Knüppelschal-

tung – und dann geht es in Richtung Eisdiele.

Es ist eine gute Gelegenheit, diesen außergewöhnlichen Menschen ein bisschen besser kennenzulernen. Auer hat Schriftsetzer und Drucker gelernt, später Zimmermann, doch dann wollte er etwas von

der Welt sehen. Zunächst überführte er für jeweils ein paar Hundert Mark zusammen mit Freunden Autos von Deutschland in die iranische Hauptstadt Teheran. Später kamen sie auf die Idee, einfach weiter, bis nach Australien zu fahren. Von Hongkong setzten sie über – und dann blieb Auer gleich fünf Jahre dort hängen. Immer wieder flog er in dieser Zeit nach Hause und irgendwann bot sich ihm die Gelegenheit, das Haus, in dem heute die »Gurkenfabrik« untergebracht ist, zu mieten. »Irgendwie habe ich gespürt, dass ich hierher gehöre«, erinnert er sich lächelnd. Heute restauriert er hauptberuflich Holzfußböden und Türen alter Häuser und weil er mit seinem Sohn allein lebt, kann er sich auch erlauben, so eigenartige Stücke wie eben den Bugatti-Kühlergrill im Schuppen zu lagern; oder im Garten das meterhohe, gewaltige gusseiserne Eingangsportal eines längst abgerissenen Stuttgarter Jugendstilhauses aufzustellen. »Nur die Glaskuppel habe ich leider nicht mehr retten können«, sagt er. Er könnte stundenlang erzählen und plaudern, ganz unaufdringlich. Abgesehen vom »Gurkenbau« hat er keine Mission.

Kurz danach stehen wir wieder an der Werkbank. Wir schleifen die Kanten, eine wichtige Aufgabe. Wenn wir jetzt ordentlich arbeiten, ziehen wir uns später keine Spreißel in die Finger, wenn wir sie über die Kanten gleiten lassen. Auer prüft, korrigiert und freut sich, als alles für das Anstreichen perfekt ist. Mit einer Farbwalze tragen wir die graue Farbe auf. Schön dick, damit das Wasser nicht ins Holz eindringen kann, wir wenden das Boot ein paarmal, und dann ist es rundum fertig. Felix ist richtig stolz: »Cool, fast alles selbst gebaut.« Und mir geht es genauso. Nun fehlt nur noch die Schiffstaufe.

Die findet am nächsten Tag statt, als die Farbe getrocknet ist und Auer feierlich den »Gurken«-Aufkleber am Boot anbringt. Jetzt kann es losgehen. Wir lassen unser Boot an einem romantischen Waldsee in Bad Feilnbach zu Wasser. Vorsichtig steigt Felix ein, setzt sich weit nach hinten und paddelt los. Zögerlich, denn Auer hat uns gewarnt: »Das Boot ist instabil. Aber das hatte ich ja vorher schon gesagt, es ist ein ziemliches Gegurke.« Doch mit der Zeit bekommt Felix den Dreh raus und paddelt souverän über den grün schimmernden See. Nun komme ich dran. Na ja, fünf, sechs Sekunden, dann liege ich im eiskalten Wasser. Noch einmal, dann geht es schon viel besser.

Nur eines klappt gar nicht: zu zweit fahren. Immerhin freuen sich die Passanten, als wir schreiend seitlich umkippen und einmal mehr im Wasser liegen. »Bastelt euch noch einen kleinen Ausleger, dann geht es besser«, rät Auer und stiftet nun Felix an, stehend zu paddeln. Cool sieht das aus mit dem kleinen Bötchen und es klappt sogar. Irgendwann geht Auer. Irgendwie schade. Toller Typ, toller Workshop. Wir sitzen noch ein wenig zu zweit auf dem Steg, schauen auf das grüne Wasser und unter uns schaukelt unser selbst gebautes Boot. Viel zu sagen gibt es nicht, manchmal genügt ein Blick in Felix' Gesicht. Eine tiefe Zufriedenheit ist darin zu lesen und eine stille Harmonie mit Papa. Glaube ich zumindest und sage – einfach einmal nichts.

Nachtrag: Auers Sohn Lukas geht noch zur Schule, danach will er studieren. Die Fachrichtung steht längst fest: Schiffsbau, was sonst.

RUMGURKEN IM SELBST GEBAUTEN KANU

■ ORT
Bad Feilnbach/Dietramszell. Die Anfahrt ist auch mit öffentlichen Verkehrsmitteln möglich: nach Bad Feilnbach über die Bahnhöfe Brannenburg oder Rosenheim und dann mit dem Bus; nach Dietramszell über den Bahnhof Holzkirchen und dann ebenfalls mit dem Bus.

■ VERANSTALTER
Einen Bootsbaukurs, der nach einem Wochenende zu einem fertigen Boot führt, bietet momentan ausschließlich Reinhard Auer an. Buchung sowohl der Jugendlichen- als auch der Vater-Sohn-Workshops über das Fremdenverkehrsamt Bad Feilnbach, Bahnhofstraße 5, 83075 Bad Feilnbach, Tel.: 08066/88711, www.bad-feilnbach.de.

■ ÜBERNACHTUNG
Fremdenverkehrsamt Bad Feilnbach (Kontakt siehe oben).
Sehr schöne Ferienwohnung bei: Elisabeth Wallner, Wiesenweg 6, 83075 Bad Feilnbach/Litzldorf, Tel.: 08066/1004.

■ ESSEN
Landwirtschaft Höß in Litzldorf, Aiblinger Straße 30, 83075 Bad Feilnbach, www.gasthof-hoess.de; sensationell große Haxn im kleinen, schönen Biergarten.

■ INSIDERTIPPS
Der Eintritt ins öffentliche Freibad ist als Gutschein in der Gästekarte enthalten; geheimnisvolle Moorwege rund um Bad Feilnbach.

■ AUSRÜSTUNG
Kleidung zum Wechseln, die auch Farbe und Kleber verträgt.

Einmal ein König –
eine Wanderung
zu den Soiernseen

EINMAL EIN KÖNIG

Diese Tour dürfte so ziemlich unsere schrägste sein. Sie sollten also ein wenig gute Stimmung und die Bereitschaft mitbringen, eine charmante Verrücktheit auszuprobieren. Denken Sie an Fitzcarraldo, der ein Dampfschiff über einen Berg ziehen ließ, aber vor allem an König Ludwig II. Der verlangte nicht nur, dass seine Lakaien ein Boot in die Berge schleppten, sondern wollte sich auch noch bei Mondschein über einen See rudern lassen. Wie ich – wozu habe ich schließlich einen Sohn?

CHARAKTERISTIK
Je nach Variante einfache bis anspruchsvolle Wanderung, zunächst auf einem Forstweg, später mit unvergesslichem Bergpanorama; Trittsicherheit erforderlich.

DAUER
Zwei Tage. Aufstieg am ersten Tag über den Lakaiensteig: ohne Pausen ca. 3,5 Stunden. Abstieg am zweiten Tag über den Lakaiensteig: 2,5 Stunden; über den Hundsstall: ca. 4 Stunden; über die Schöttelkarspitze: ca. 6,5 Stunden.

ALTER
Je nach Auf-/Abstieg. Auf-/Abstieg Lakaiensteig (gesichert mit Klettersteiggurt und Seil): ab 10 Jahre. Abstieg über Schöttelkarspitze (Trittsicherheit erforderlich): ab 14 Jahre (lang und anstrengend). Eine einfache Alternative führt über den Hundsstall: ab 8 Jahre.

BESTE MONATE
Frühjahr, Sommer, Herbst; Öffnungszeiten der Hütte beachten.

UMGEBUNG ★ ★ ★ ★ ★
AUFWAND ★ ★ ★ ★
SPORTLICHER ANSPRUCH ★ ★ ★ ★
TEAMBUILDING ★ ★ ★ ★

»Eine lustige Tour. Schon weil es vollkommen unlogisch ist, mitten im Gebirge auf einem See im Kanu rumzupaddeln.«

Ach, dieser König Ludwig II. Wäre er nur 100 Jahre alt geworden. Jedes bayerische Kaff in Gebirgsnähe hätte heute ein Schloss wie aus dem Märchen, in den Berg hineingetriebene Grotten mit Wasserspielen und wir alle die Erinnerung an viele genial-verrückte Ideen des Königs. Ihre See-Europe-in-five-days-Tour könnten japanische Touristen ob der Vielfalt bayerischer Prachtbauten vergessen; es sei denn, man würde sie mit Seilbahnen verbinden. Verrückte Idee – fast königlich – und damit sind wir beim Thema.

Ludwig II. liebte die Berge, die Seen, die Einsamkeit und die Nacht. 1866 ließ er das Soiernhaus (1610 Meter) erbauen, das ihm als Jagdhaus dienen sollte. Die königliche Hoheit selbst jagte jedoch nicht, der Wittelsbacher war eher angetan von der Ruhe des Soiernkessels und der betörenden Aussicht auf die beiden friedlich nebeneinander liegenden Seen mitten im Hochgebirge. Der Überlieferung nach wies er seine Bediensteten an, ein Drachenboot nach oben zu schleppen, in dem er sich nachts bei Vollmond über einen der Seen paddeln ließ. »Rudern, aber nicht plätschern«, befahl er. Ganz leise tauchten die Lakaien daher die Paddel ins Wasser. Der König ließ derweil den Blick von den silbernen Bergsilhouetten hinab

ins dunkle Nichts des nächtlichen Sees schweifen. Richtig romantisch wurde es an seinem Geburtstag: Bergfeuer erleuchteten die Hänge, eine nächtliche Inszenierung für einen wahren König. Gut möglich, dass Ludwig vor Glück geweint hat.

Wir werden ebenfalls ein Boot auf den Berg schleppen. »Wir« bin in diesem Fall »ich«, denn zum einen hatte ich die Idee, es dem König gleichzutun, und zum anderen wiegt das aufblasbare Badeboot knappe zehn Kilo und wäre daher für Felix viel zu schwer. Auf dem See werden wir dann tauschen: Ich bin König, Felix der Lakai. Felix war sofort begeistert von der Idee, nachts auf einem der Soiernseen zu rudern. Ludwig und seine Verrücktheiten, das geht bei Kindern immer.

Erst einmal müssen wir aber hinauf zu den Hochgebirgs-seen: Startpunkt ist der Wanderparkplatz an der Isar-brücke in Krün. Ludwig II. bewältigte die Strecke per Pferd, wir dagegen zu Fuß, wie es sich für Wanderer eben gehört. Mit einem unnatürlich prall gefüllten Rucksack, aus dem zwei rote Paddel ragen, und dem Ziel, die

Soiernseen zu erreichen. Im Soiernhaus, das heute der Alpenvereins-Sektion München-Hochland gehört, werden wir übernachten.

Wir queren den Wanderparkplatz in Krün, laufen über die Isarbrücke und wenden uns nach links, indem wir dem Wegweiser zur Fischbachalm folgen. Ein bequemer Forstweg zieht sich sanft ansteigend nach oben, die Flächen rechts und links des Weges sind zumeist bewaldet. Später erlauben uns gelegentlich Baumlücken einen Panoramablick auf das malerische Krün. Das Dach der Fischbachalm erblicken wir trotz unseres gemütlichen Tempos nach gut eindreiviertel Stunden. Idyllisch sieht es hier aus, Kühe grasen träge auf den saftig grünen Almwiesen und es wäre ziemlich verlockend, hier auf eine kleine Brotzeit einzukehren. Mit vollen Bäuchen wollen wir uns allerdings auch nicht über den Lakaiensteig schleppen. Der zweigt bei der Hütte rechts ab und hat seinen Namen dem Umstand zu verdanken, dass die Bediensteten des Königs hier zwar zeitgleich mit seiner Majestät ankamen, aber deutlich schneller im Soiernhaus sein mussten, um dort noch ein wenig aufzuräumen. Der König bevorzugte hingegen den einfacheren Aufstieg über den Hundsstall, der von der Fischbachalm geradeaus führt und gut beschildert ist.

Der spektakuläre Lakaiensteig ist ein zumeist schmaler Pfad, der eine gewisse Trittsicherheit erfordert, für geübtere Wanderer aber keinerlei Schwierigkeit darstellt. Für den Sohn ist ein Seil als Stolpersicherung empfehlenswert. Alpenveilchen, Gänseblümchen und Kuhfladen säumen den Weg, es duftet herrlich nach Kräutern. Doch auf einmal durchbricht ein Prasseln die stille Einsamkeit:

Eine Gämse quert hinter uns den Weg, läuft mit halsbrecherischem Tempo einen Steilhang hinab, um dann auf einem Felsvorsprung stehen zu bleiben und uns gelangweilt anzuglotzen. Ärgerlich nur aus videotechnischer Sicht, dass sie sich dann gar nicht mehr bewegt. »Wahrscheinlich müsste man Steinchen nach ihr werfen«, witzle ich und ernte einen bösen Blick von Felix. Er ist völlig begeistert von dem Tier. Noch mehr beeindruckt ihn aber, dass wir später auf ein Gämsenpaar treffen, das oberhalb von uns am Hang herumklettert und -springt. Hin und wieder lösen sie einen kleinen Steinschlag aus, doch wir stehen ein wenig schräg versetzt, sodass nichts passieren kann. Es ist faszinierend: Gämsen haben wir vor Jahren auf

unserer gesamten München-Venedig-Wanderung nicht aus solcher Nähe erlebt.

Dann, nach insgesamt etwa dreieinhalb Stunden, kommen wir leicht ermattet im Soiernhaus an, in dem es ausschließlich Lagerbetten gibt. Reservieren nicht vergessen, denn die Hütte ist gerne mal voll belegt. Ein paar hartgesottene Wanderer übernachten heute tatsächlich draußen auf der Terrasse. Wir dagegen ergattern eine Nische hinter dem Treppenaufgang, das bedeutet zwar nachts viel »Durchreiseverkehr« auf dem Weg zur Toilette (das »Örtchen« steht außerhalb der Hütte an einem Berghang), dafür sind wir aber zumindest nicht dem engen Kontakt mit Schnarchern ausgesetzt.

Vom Inventar des königlichen Jagdhauses ist leider nichts erhalten geblieben. Gleich nach dem Tod Ludwigs II. wurden alle persönlichen Gegenstände ins Tal gebracht. Kurz nach dem Ersten Weltkrieg stieg der Oberamtsrichter Edmund Martin Müller über den Lakaiensteig zum Soiernhaus. Trübe Gedanken verfolgten ihn, berichtet ein Artikel im damaligen Garmisch-Partenkirchener Tagblatt: »Im Königshaus waren die Türen eingeschlagen. Innen zerbrochene Möbelstücke und Geschirr. Ich nutzte die Gelegenheit, in einem königlichen Raum als Einziger zu hausen, und fand auf einer mit rotem Saffianleder bezogenen Empire-Liege für eine Nacht Unterkunft. An den folgenden Wochenenden konnte ich feststellen, dass von dem von mir mit Dank gelobten Liegebett der Saffianlederbezug verschwunden war. An einem weiteren Tage fehlte die Rosshaarpolsterung und noch etwas später waren sogar die Sprungfedern der Matratze weg.« Stück für Stück wurde des Königs Sofa also geklaut.

EINMAL EIN KÖNIG

Der Blick von der Terrasse aus auf die Soiernseen ist fantastisch – die grünen Berghänge spiegeln sich so klar im Wasser, dass der zweite See zunächst kaum als Gewässer zu erkennen ist. Wir stärken uns mit Leberkäse und Kartoffelsalat, denn wir haben heute noch eine Mission – eine Bootsfahrt im Mondschein.

Die anderen Gäste der Berghütte blicken uns verstohlen hinterher, als wir später mit dem aufgepumpten Boot in Richtung See davonstapfen. Die Stirnlampen erhellen den gut fünf Minuten langen Fußweg hinunter zum Ufer. Weil Felix Spaß daran hat, setze ich mir die von meiner Frau gebastelte goldene Krone auf, überrasche ihn mit einem königlich glitzernden Umhang und dann steigen wir ins

Boot. Felix vorne, er soll uns ja rudern, ich hinten, wie es sich für einen König gehört. Es ist still, so still, wie es in der Großstadt niemals werden wird, und Tausende Sterne leuchten so klar am Himmel, wie sie es eben nur in der sauberen Luft der Berge tun. Der Mond beleuchtet die gewaltigen Berghänge, die den See umschließen, sanft schaukelt das Boot im Wasser und ein kühler Hauch lässt uns erschaudern. Es ist ein magischer Moment. Felix rudert stumm, saugt die Stille in sich auf und wenn jetzt am Ufer noch eine Meerjungfrau mit blondem Haar auf einem Stein sitzen und lächeln würde, würden wir uns auch nicht wundern.

Wir können uns nur schwer vom Zauber dieses Augenblicks lösen, doch dann müssen wir zurück. Schließlich wird die Nacht in der Hütte kurz. Der Bergwanderer bricht laut polternd und früh auf, der Bootsfahrer hätte dagegen durchaus noch ganz gerne ein Stündchen geschlafen. Ein Sprung in den rechten der beiden Soiernseen weckt uns endgültig auf. »Das Wasser ist gar nicht so kalt«, wundert sich Felix. Im Juli ist es kein Problem, in den Soiernseen zu baden und noch ein bisschen Boot zu fahren – selbstverständlich wieder in königlichem Gewand. Bei Tag sieht die Landschaft vom See aus zwar weniger mystisch, aber dennoch unfassbar schön aus.

Nur der Abstieg bereitet uns etwas Kopfzerbrechen. Es gibt drei Varianten: entweder zurück über den Lakaiensteig und die Fischbachalm; über den sogenannten Hundsstall und dann wieder über die Fischbachalm; oder über die 2050 Meter hohe Schöttelkarspitze (auch  hier ist ein Seil als Stolpersicherung empfehlenswert). Wir entscheiden uns für die dritte Variante, die einen Vorteil und einen Nachteil hat. Positiv ist trotz aller Mühen der Aufstieg, die traumhafte Landschaft entschädigt für jeden Schritt und jede Stufe; negativ dagegen ist der lange Abstieg zum Ausgangspunkt in Richtung Krün. Doch immer wieder sehen Felix und ich zurück auf die beiden Seen, die nun schon weit unter uns liegen.

»Das hat sicher lustig ausgesehen, als unser rotes Boot da auf dem See war«, sagt er und lacht mich an. Richtig glücklich ist er, solch eine schräge Tour mitgemacht zu haben. Vor allem aber erinnert er mich mahnend immer wieder daran, was die vier Wanderer zu ihm gesagt haben, als sie uns mit dem Boot auf dem Weg zwischen Hütte und Wanderweg gesehen hatten: »Pass nur auf, dass dein Papa nicht auch so narrisch wird wie der Ludwig.«

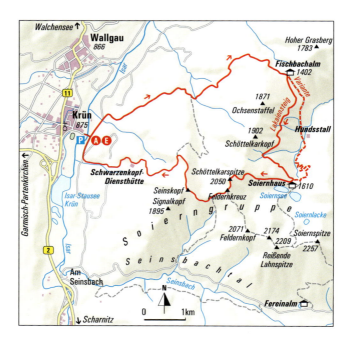

■ AUSGANGSPUNKT

Wanderparkplatz in Krün am Kiesweg. Von Mittenwald aus kommend gleich nach der Ortseinfahrt rechts, der Beschilderung zur Touristeninformation folgend, ist er eigentlich nicht zu verfehlen. Mit öffentlichen Verkehrsmitteln: Mit dem Zug bis Klais, von dort mit dem Bus nach Krün; die beste Haltestelle in Krün ist Gasthof Post/Café Kranzbach. Von dort vier Gehminuten in die Schöttlkarspitzstraße und Soiernstraße, dann geradeaus, über die Isar bis zu den Wegweisern.

■ ÜBERNACHTUNG

Soiernhaus, www.soiernhaus.de, Tel.: 0171/5465858; Reservierung notwendig.

■ ESSEN

Gasthof Block's Post, Walchenseestraße 4, 82494 Krün,
Tel.: 08825/321, www.gasthof-blocks-post-kruen.de. Ausgezeichnete Küche (Ochsenbackerl). Am Wochenende unbedingt reservieren.

■ INSIDERTIPPS

Neben dem Wanderparklatz in Krün kann man wunderbar in der Isar plantschen. Zu empfehlen sei an kühlen Tagen aber eine eiserne Konstitution – oder ein Neoprenanzug.

Mehr über den liebenswert-verrückten »Kini« kann man im Buch »König Ludwig II. hatte einen Vogel ...« (München 2011) nachlesen.

■ AUSRÜSTUNG

Bergtaugliche Bekleidung und feste Wanderschuhe. Für kleinere Kinder Klettersteiggurt und Seil. Es sind keine Kletterstellen zu bewältigen, kleinere Jungs sollten aber vom Papa bei Bedarf ans Seil genommen werden können. Als Stolpersicherung ist ein Seil auch für ältere Jungs beim Aufstieg über den Lakaiensteig und beim Abstieg über die Schöttelkarspitze empfehlenswert. Badesachen.

Wer es dem Kini gleichtun möchte, darf das Schlauchboot mit Pumpe sowie Stirnlampen nicht vergessen.

Eine Karte (z.B. KOMPASS-Karte 6, Alpenwelt Karwendel oder 26, Karwendelgebirge) ist vor allem für den Rückweg über die Schöttelkarspitze empfehlenswert. Weitere Touren in der Region sind im Rother-Wanderführer »Isarwinkel« von Eugen E. Hüsler zu finden.

Auf die Zugspitze –
zu Fuß, wie sonst?

Drei Dinge muss ein Mann im Leben tun: einen Baum pflanzen, einen Sohn zeugen – und mit ihm die Zugspitze erklimmen. Es gibt Touren, die gehen auch im Nachhinein noch unter die Haut. Wie diese eben. Die Zugspitztour mit ihren intensiven Eindrücken beim gemeinsamen Aufstieg ist irgendwie ein Muss – auch wenn uns erst später klar wurde, warum.

CHARAKTERISTIK
Alpiner Aufstieg, der absolute Trittsicherheit, Schwindelfreiheit und Kondition erfordert.

DAUER
Insgesamt zwei Tage; bis zur Höllentalangerhütte 2 bis 2,5 Stunden; von dort aus auf die Zugspitze 6 bis 8 Stunden (Höhenmeter: insgesamt gut 2200).

ALTER
Ab 14 Jahre (gute Kondition vorausgesetzt).

BESTE MONATE
Sobald der Wirt der Höllentalangerhütte auf seiner Homepage das Okay gibt; je nach Schneelage von Frühsommer bis Frühherbst.

UMGEBUNG ★ ★ ★ ★ ★
AUFWAND ★ ★ ★ ★
SPORTLICHER ANSPRUCH ★ ★ ★ ★ ★
TEAMBUILDING ★ ★ ★ ★ ★

»Es ist einfach cool, den höchsten Berg Deutschlands bezwungen zu haben. Da war vor allem beim Aufstieg Teamwork wichtig.«

Diesmal ist nicht der Weg das Ziel. Der Gipfel ist es, genau genommen das goldene Gipfelkreuz der Zugspitze – und es ist erstaunlich hoch oben. Aber warum die Zugspitze? Warum muss es für diese Tour der mit 2962 Metern höchste Berg Deutschlands sein? Weil die Zugspitze auch für Kinder ein Begriff ist und weil wohl kaum ein Vater seinen Sohn mit dem Aufstieg auf den Hasselbrack, den Wurmberg oder den Erbeskopf locken könnte. Abgesehen davon ist der Aufstieg so landschaftlich schön und beeindruckend wie anstrengend.

Schon der gut zweieinhalbstündige Weg zur Höllentalangerhütte ist ein kleines Abenteuer. Wer je von der Partnachklamm begeistert war, wird von der Höllentalklamm schwärmen. Sie ist allerdings nicht ganz so einfach zu erreichen wie ihre kleinere Schwester, es ist schon ein wenig mehr Mühe notwendig. Gut eine Stunde sind Sie sicher unterwegs, bis Sie an der Höllentaleingangshütte stehen. Essen, Trinken und auch eine Notübernachtung sind hier möglich. Die Hütte und das kleine Museum, das sich in der Klamm befindet, werden ehrenamtlich betrieben.

Die Durchquerung der Klamm kostet Eintritt, doch dieses Naturwunder und das Museum sind jeden Cent wert. Es ist faszinierend, mit welch einfachen Werkzeugen die Wege

durch die Klamm geschlagen wurden. Zahlreiche alte Fotos zeugen von diesen Arbeiten und von einem Wegebau, der heute aufgrund des Naturschutzes nicht mehr möglich wäre – was allerdings auch allen Naturfreunden den Genuss der steilen Felswände, der tosenden Wasserfälle, der Strudel und der meterhohen Gischtnebel verwehren würde.

Die Klamm ist gut einen Kilometer lang und bestens gesichert. Wer unabhängig von einer Zugspitzbesteigung mit kleinen Kindern hindurchwandern möchte, sollte trotzdem erwägen, ein Seil zum Sichern mitzunehmen. Zum einen kann dann wirklich gar nichts mehr passieren, zum anderen darf so auch der Papa den spektakulären Weg durch Felshöhlen und über Stahlbrücken genießen. Im Winter ist die Klamm geschlossen und der Bach so reißend, dass der Alpenverein sämtliche Geländer abbaut. Zu viel wurde schon von den tobenden Wassermassen weggerissen.

Gut 45 Minuten gehen wir von der Hütte bis zum Ende der Klamm und haben zum Schluss sogar 150 Höhenmeter bewältigt. Begeisterter als Felix ist nur die kleine

Gruppe indischer Touristen, die mit leuchtenden Augen das Spektakel bewundert. Wasserfälle sind für Asiaten einfach das Größte.

Der weitere Weg nach dem Ausgang ist einfach, landschaftlich wunderschön und gut ausgeschildert. Immer höher steigen wir, rechts rauscht der Hammersbach vorbei, der dem steilen Felsmassiv in gut 40 Metern Höhe als Wasserfall entspringt, und dann öffnet sich das Tal. Vor uns reckt sich der Berg in die Höhe, der uns ein flaues Gefühl in der Bauchgegend beschert: die Zugspitze. »Da wollen wir hoch«, sage ich zu Felix und es ist mehr eine Frage, ob wir denn wirklich wollen, als ein euphorischer Versuch, ihn zu motivieren. Aber noch bleibt eine Nacht Zeit.

Fünf Hauptwege führen auf die Zugspitze, einer schöner als der andere: der einfachste, aber lange Weg ab Garmisch-Partenkirchen; der schnellste vom Eibsee über das Österreichische Schneekar und den »Stopselzieher« sowie eine Variante ab Ehrwald; dann der hochalpine und schwierigste über den Jubiläumsgrat und der spektakulärste über das Höllental. Als Vater-Sohn-Abenteuer bietet sich entweder die Variante ab Garmisch an oder eben das Höllental.

Hat man sich für die letztere Variante entschieden, ist die Höllentalangerhütte der perfekte Ausgangspunkt. Wer hier angekommen ist, hat auch optisch schon einmal Abstand gewonnen vom Tal und kann sich ganz entspannt auf die Bergwelt einlassen. Außerdem verkürzt sich durch die Übernachtung der Aufstieg am nächsten Tag ganz gewaltig. Von der Terrasse der Hütte ist das Gipfelkreuz kaum zu erahnen. Ebenso wenig der Weg, der hinaufführt. »Da rechts geht's nach oben«, sagt der Hüttenwirt und zeigt in Richtung einer Stelle unterhalb des weißen Gletscherrestes. Wenn man nicht wüsste, dass es funktionieren muss, man würde es nicht glauben.

Wer hoch hinauswill, muss früh aufstehen. An langen Schlaf ist daher normalerweise in der Hütte eigentlich nicht zu denken. Ab 4.30 Uhr rumpeln die Wanderer mehr oder weniger rücksichtsvoll durch die Gänge. Da ich mit Felix ausgehandelt habe, erst um 6 Uhr aufzustehen, bin ich erschrocken, als ich morgens um 7 Uhr zufällig auf die Uhr sehe und feststelle, dass ich den Wecker versehentlich auf 8 Uhr gestellt habe. Es gilt nun, schnell loszukommen, denn die Hitze draußen wird jetzt schon immer größer. Es ist wohl der heißeste Tag des Sommers, die Luft ist klar und keine Wolke steht am Himmel.

Anfangs ist der Weg einfach und leicht zu gehen. Wir spekulieren bereits, dass eine Zugspitzbesteigung wohl doch nicht so anspruchsvoll ist, werden aber schnell wieder auf den Boden der Tatsachen zurückgeholt. Eine Leiter führt nach oben, steil hinauf auf den Berg, und bereits jetzt ist es angenehm, das Klettersteigset um die Hüften zu

haben. Überraschend schnell, keine zehn Minuten später, sind wir am »Brett«, einer glatten, aber nicht ganz senkrechten Felswand, aus der rostige Stahlstifte stehen. Die sind nun unsere Trittstufen, darunter der Abgrund. »Das ist ja schon ein bisschen unheimlich«, sagt Felix. Ganz wohl ist ihm nicht, außerdem behauptet er ansonsten bei passenden Gelegenheiten gerne, Höhenangst zu haben. Eigentlich ist das Brett aber relativ harmlos. Ein Stahlseil führt an der Felswand entlang und wer sich dort mit den Karabinern des Klettersteigsets einhängt, dem kann wirklich nicht viel passieren.

Auf recht leicht zu gehenden, aber teils steilen Wegen wandern wir nach oben. Die Aussicht zurück ins Tal wird immer spektakulärer, die Höllentalangerhütte scheint aus der Ferne irgendwann winzig klein, dafür kommen wir dem großen Schneefeld des Gletschers immer näher. Es sind Bilder, die uns noch lange begleiten werden.

Gut zweieinhalb Stunden später steht ein Bad an. Ein Wasserfall stürzt über mehrere Stufen nach unten, kleine Becken nehmen das Wasser auf, ehe es in einem breiten Bach hinunter ins Tal läuft. Perfekt also, um sich ein wenig abzukühlen. Seltsamerweise zögert Felix: »Das ist sicher eiskalt.« Glaube ich nicht, ziehe die Badehose an und wate in Richtung Wasserfall. Es ist ein einziger Schock. Schon nach Sekunden spüre ich meine Füße nicht mehr, lasse mir aber nichts anmerken. Jetzt die Dusche. Rückwärts lehne ich mich auf dem Stein zurück, über den das Wasser rauscht. So lange, bis es um und über meinen soeben noch heißen Kopf tobt. Zehn, 15 Sekunden, länger ist es nicht auszuhalten, das Wort »kalt« erhält eine neue, weit tiefere Temperaturdeutung für mich. Dann nichts wie raus.

Es dauert Minuten, ehe ich auf den von der Sonne erhitzten Steinen, die um den Bach herum liegen, wieder aufgetaut bin. Aber immerhin lobt mich Felix: »Ein Bad auf halbem Weg zur Zugspitze ist schon cool.«

Nach knapp vier Stunden stehen wir am Höllentalferner, jenem Rest des Gletschers, für den Steigeisen anzuraten sind. Immerhin führt der Weg nun durch Schnee und Eis und ohne Steigeisen droht eine längere Rutschpartie. Wer so spät gestartet ist wie wir an diesem Tag, erhält jetzt die Quittung. Der Übergang vom Gletscher zur Treppe des Klettersteiges ist etwas schwierig, da sich zwischen Fels und Eis eine breite Rinne gebildet hat. Deshalb sind an dieser Stelle Wartezeiten von einer guten halben Stunde keine Seltenheit – zumindest um diese Uhrzeit.

Danach allerdings geht es so richtig los. Wir sind nun knappe fünf Stunden unterwegs und vermuten, bald am

Gipfelkreuz zu stehen. Ein Irrtum, wie sich herausstellen wird. Zwar ist es tatsächlich nicht mehr so weit bis an die Zugspitze, doch dieser Klettersteig endet eben erst kurz vor dem Gipfel. Wer sich mit einem Klettergurt sichert, und das ist sehr wohl anzuraten, muss nun alle paar Schritte die Karabiner umhängen. In der Summe addiert sich diese Zeit gewaltig. Dafür ist dieser mittelschwere Klettersteig bis auf eine unangenehme Stelle, die gleich am Anfang ungesichert ist, eine wunderbare Spielwiese für Menschen, die noch nicht so oft in Steigen unterwegs waren. Die Passagen sind nicht sehr anspruchsvoll und die Aussicht ein einziger Traum.

Felix wird von Schritt zu Schritt euphorischer. Wenn ich ihn ansehe, habe ich das Gefühl, dass er tatsächlich an diesem Berg gewachsen ist. Er wirkt plötzlich nicht mehr so kindlich, sondern mit seinem Helm und dem Kletterset wie ein junger Erwachsener, der sehr verantwortungsbewusst mit seiner Sicherung, der richtigen Wahl der Stufen und Tritte umgeht. Hand in Hand arbeiten wir zusammen, wenn wir uns gegenseitig aushelfen müssen, weil die Seile an den Karabinern nicht lang genug sind. Wie zwei alte, erfahrene Handwerker. Jeder weiß, was der andere denkt – und vor allem, welcher Handgriff jetzt nötig ist.

Trotzdem zieht sich der Aufstieg. »Langsam geht es an die Substanz«, sagt ein Wanderer, den wir überholen, mit einem gequälten Lächeln. Da kann ich nur zustimmen, denn wir sind nun schon siebeneinhalb Stunden unterwegs. Unser einziges Essen, das wir noch nicht vertilgt haben, ist ein mittlerweile etwas deformierter Apfelstrudel vom Tag zuvor, der noch in meinem Rucksack ist. Ärgerlich, wir kommen uns wie Bergamateure vor, aber wir hatten niemals mit einem so langen Aufstieg gerechnet. Ein anderer Wanderer hat auch nichts mehr zum Essen dabei, aber er schwärmt ohnehin von nichts anderem als seinem »Gipfelweißbier«. Kein Wunder bei dem herrlich weiß-blauen Mix aus Himmel und Wolken, der sich so spektakulär über den ganzen Horizont zieht, als wolle er uns heute beweisen, dass Bayern eben doch dem Himmel ganz nahe ist. Auch wenn uns später die Wolken überhaupt nicht gefallen, die rechts an der Zugspitze vorbei in Richtung Garmisch-Partenkirchen und ins Blaue Land ziehen und immer dunkler werden.

Gut eine halbe Stunde dürften wir noch haben, das Gipfelkreuz ist nun schon nahe und auf der Aussichtsterrasse der Zugspitzbahn sind Menschen zu sehen, die uns beobachten. Nur noch ein paar Meter, ein paarmal in die Seilsicherung eingeklinkt, und dann gehen wir gemeinsam auf das Gipfelkreuz zu – ein mächtiges Kreuz und

der höchste Punkt Deutschlands. Um uns herum die Alpen, bis nach Südtirol können wir sehen. Ein wahrhaft magischer Moment, vor allem für Felix: »Normalerweise sage ich ja immer bei solchen Gelegenheiten, dass ich nicht mitgemacht hätte, wenn ich vorher gewusst hätte, wie anstrengend es wird. Hier hoch hätte ich aber unbedingt gewollt. Auch wenn ich gewusst hätte, wie schwierig es ist.«

Felix ist richtig beeindruckt davon, was er selbst in den vergangenen acht Stunden geschafft hat. Ich freue mich vor allem, dass ihm das so guttut – und dass er sich an unsere Tour ganz sicher sein ganzes Leben lang erinnern wird. Vielleicht ist die Zugspitze nicht einfach nur der höchste Berg Deutschlands, sondern seine Besteigung ist für einen Heranwachsenden auch ein bisschen ein Ritual: der von ihm selbst erbrachte Beweis, Herausforderungen meistern zu können, die er bisher nur Erwachsenen zutraute; und außerdem zu spüren, dass der eigene

AUF DIE ZUGSPITZE

Vater ihm genau diese Herausforderung inzwischen auch zutraut.

Kein Wunder, dass Felix, bevor wir uns innig umarmen, deshalb erst einmal die Hand hebt und mich abklatscht. Nicht ich, er übernimmt das Kommando und es ist auch für mich ein kleiner Ritterschlag: Als wäre ich ab heute nicht nur etwas weniger Vater – sondern auch ein bisschen mehr Kumpel.

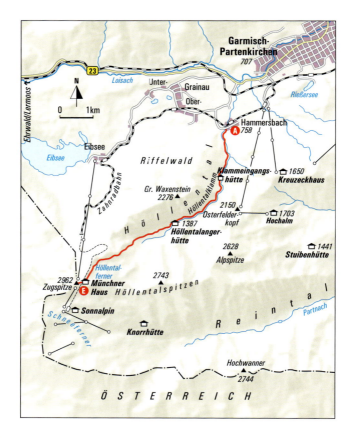

■ AUSGANGSPUNKT

Hammersbach bei Garmisch. Von Garmisch-Partenkirchen aus in Richtung Reutte fahren; nach dem Campingplatz Zugspitze und dem Gewerbegebiet links in die Schmölzstraße, die in die Zugspitzstraße übergeht, abbiegen; dann links in die Höllentalstraße und bis zum Wanderparkplatz fahren. Von dort aus zehn Minuten die Straße entlang in Richtung Berge laufen und nach dem kleinen Bach rechts abbiegen, in den Wald hinein. Der Weg ist gut beschildert. Auch mit dem Zug ist der Ausgangspunkt sehr gut zu erreichen: An der Haltestelle Hammersbach aussteigen, nach 300 Metern beginnt der Aufstieg.

■ ENDPUNKT

Von der Zugspitze aus zurück mit der Zahnradbahn, die am Bahnhof Hammersbach hält. Von hier aus 15 Minuten zum Parkplatz.

■ ÜBERNACHTUNG

Höllentalangerhütte, 82454 Garmisch-Partenkirchen,
Tel.: 0163/5542274, www.davplus.de/hoellentalangerhuette;
Reservierung notwendig.

■ ESSEN

Deftige Hüttenkost auf der Höllentalangerhütte. Auf der Zugspitze gibt es ein schönes Lokal im Untergeschoss der Aussichtsterrasse.

■ INSIDERTIPPS

Nach dem Abschluss der Wanderung rundet ein Abend im Alpspitz-Wellenbad den Tag ab: Klammstraße 47, 82467 Garmisch-Partenkirchen. Zu empfehlen sind vor allem der Saunabereich sowie die Terrasse und der Wintergarten, der auch spätabends nochmals einen Blick zurück ins Höllental und auf die Zugspitze erlaubt.

■ AUSRÜSTUNG

Bergtaugliche Bekleidung für alle Wetterlagen (das heißt auch Handschuhe und warme Mütze); feste Wanderschuhe mit Schaft, die zumindest bedingt steigeisentauglich sind; Klettersteigset; eventuell kurzes Seilstück (ca. 6 Meter); Steigeisen; Eispickel; Helm (Ausleihe und Einweisung in die Handhabung bei nahezu jeder Alpenvereins-Sektion möglich); ausreichend Brotzeit und Wasser.
Eventuell eine Karte mitnehmen, z.B. KOMPASS-Karte 790, Garmisch-Partenkirchen oder 5, Wettersteingebirge, Zugspitzgebiet. Details über die Wege auf die Zugspitze verrät außerdem eine Broschüre des Alpenvereins, die auch im Internet zu finden ist: www.alpenverein.de.

»Und wie komm ich wieder runter?« –
ein Schnupperkurs im Gleitschirmfliegen

Gibt es etwas Männlicheres, als den Traum vom Fliegen selbst zu verwirklichen? Als hinaufzusteigen in die Lüfte, zu sehen, wie Bäume und Felder weit unten vorbeigleiten? Wie fantastisch wäre es erst, dieses Abenteuer mit dem Sohn erleben zu dürfen? Ein gemeinsames Hobby zu finden, das noch im hohen Alter fasziniert? Vielleicht wäre Gleitschirmfliegen das Richtige? Wir probieren es aus, wagen einen zweitägigen Schnupperkurs. »No risk, no fun«, auch diesen Grundsatz muss ein junger Mann lernen.

CHARAKTERISTIK
Einführung ins Gleitschirmfliegen. Kostet zu Beginn ein wenig Überwindung, ist aber im Normalfall gefahrlos und macht mächtig Spaß. Achtung, Suchtpotenzial: 80 Prozent der Teilnehmer werden echte Gleitschirmflieger.

DAUER
Entweder einen oder zwei Tage. Unser Tipp: zwei Unterrichtstage, danach wissen Sie, ob Sie wirklich Freude daran haben, weiterzumachen.

ALTER
Ab 14 Jahre.

BESTE MONATE
Grundsätzlich ganzjährig möglich. Am schönsten bei Sonnenschein, im Hochsommer wird der Aufstieg zum Übungshang aber schweißtreibend.

UMGEBUNG ★ ★ ★ ★ ★
AUFWAND ★ ★ ★ ★
SPORTLICHER ANSPRUCH ★ ★ ★ ★
TEAMBUILDING ★ ★ ★

> *»Voll krass, dass man so schnell schon selbst fliegen kann. Ich würde gerne irgendwann mal am Meer die Küste entlangfliegen.«*

»Ich habe Höhenangst!« Fluglehrer Marcus schockiert unsere arglose Truppe Gleitschirm-Greenhorns mit einer doch recht unerwarteten Botschaft und lacht dann laut: »Ich bin wahrscheinlich der einzige Fluglehrer in Deutschland mit Höhenangst.« Felix schaut nun ein bisschen irritiert und blickt skeptisch zu Marcus hinüber: »Und du willst uns das Fliegen beibringen?«, sagt sein Blick und ich kann ihn durchaus verstehen.

Ein bisschen erinnert das Geständnis an Domnic Silva, jenen Rettungsschwimmer im indischen Goa, der sich weigerte, weiter als bis zu den Knien ins Wasser zu waten. »Weiter reinzugehen ist viel zu gefährlich. Das sage ich meinen Gästen immer wieder. Ich kann sie nicht retten, wenn sie weiter hineingehen.« Kein Scherz, den Mann, der vor Jahren im Magazin der Süddeutschen Zeitung interviewt wurde, gab es tatsächlich.

Wir sind ein bisschen erleichtert, als wir erfahren, dass unser Fluglehrer doch ganz anders ist und vor allem auch selbst fliegt: »Ich habe Angst, wenn ich über einen Gipfelgrat laufen muss und es rechts und links nach unten geht. Wenn ich dann aber mit dem Gleitschirm fliege, ist sie weg.« Marcus wäre allerdings auch ohne diese Kuriosität ein Unikat. Er spricht mit dem Dialekt und dem Humor eines

Menschen aus dem Ruhrpott, stammt aber tatsächlich aus dem Schwarzwald. Er ist eine Seele von Mensch, gleichzeitig aber auch ein strenger Lehrer, der Disziplin einfordert. Die beginnt bei der theoretischen Einführung, die zunächst im Lehrraum der Flugschule Allgäu in Oberstaufen stattfindet und sich im Gelände fortsetzt. Wer meint, einfach mal in die Gurte zu hüpfen und sich vom Gleitschirm in die Lüfte lupfen zu lassen, hat nicht mit Marcus gerechnet.

Der Fluglehrer schwärmt so leidenschaftlich von Flügen über den Gardasee, von Starts auf den Sanddünen Fuerteventuras, dass Felix auf seinem Stuhl schon ganz nervös wird. »Wenn Sie Gleitschirm fliegen, wird sich Ihr Leben verändern«, sagt Marcus und ich erschrecke ein wenig. Ich frage mich als Neuling, ob ich das eigentlich will. Wer möchte schließlich all das annehmen, was andere ihm gerne zukommen lassen würden? Schon Woody Allen hat einst auf die wohlwollende Anmerkung eines Journalisten, er würde mit seinen Filmen unsterblich werden, mit Zurückhaltung reagiert: »Nein, danke. Ich möchte nur weiter in meinem kleinen Apartment in New York leben.«

Trotzdem geht es jetzt ins Gelände, auf einen sattgrünen Übungshang in der Nähe der Flugschule im nahen Osten von Oberstaufen. Schweißtreibend ist das und uns schwant bereits, was uns die nächsten zwei Tage bevorstehen wird. Nach jedem Flug ein anstrengender kleiner Marsch den Hügel hinauf.

Gleitschirmfliegen ist nichts für Ästheten. Zumindest, wenn es um die Optik beim Hinauftragen der Schirme und des Tragegurtes geht. Wie eine Gruppe überdimensionierter Quasimodos – Sie wissen, der Glöckner von Notre-Dame – sehen wir aus, als wir die riesigen Rucksack-

Schirme auf einen gar nicht so kleinen Berg schleppen. Der wird unsere Startrampe sein. Ich fühle mich ein bisschen an meinen ersten Skikurstag erinnert, als wir bajuwarischen Knaben von einem österreichischen Eingeborenen an einen Abgrund geführt wurden, der uns wie die gefürchtete Nordflanke des Mount Everest erschien – und schon am zweiten Tag realistisch betrachtet nicht mehr als ein Idiotenhügel war.

Ich bin sicher, es wird uns auch diesmal nicht anders ergehen. Dabei war ursprünglich nicht einmal Felix ganz sicher, ob er das Gleitschirmfliegen wagen sollte: »Ich dachte, das ist viel zu gefährlich, als dass man es einfach mal in einem Schnupperkurs ausprobiert.« Dann aber hatte er die glänzende Idee, dass Gleitschirmfliegen die unverhoffte Chance sein könnte, unsere Freizeitaktivitäten vorsichtig in eine ganz andere als die bisherige Richtung zu lenken: »Das ist viel cooler als Wandern. Man fährt mit dem Lift hoch und fliegt dann stundenlang runter.« Wie man sich doch täuschen kann.

17 Kilo haben wir auf dem Rücken, packen dann aber unser unförmiges Equipment aus: ein Tragegestell mit erstaunlich dicker Rückenpolsterung und einem Sitz, in dem

die Welt aus 2000 Metern Höhe in Fernsehsessel-Atmosphäre zu überblicken wäre; und natürlich den Gleitschirm, der in dem Rucksack ganz unten liegt. »Der ist aber klein«, wundert sich Felix. Zumindest bis wir ihn ausgepackt haben. Marcus zeigt, dass der Gleitschirm in etwa wie eine auseinandergefaltete Bananenschale auszulegen ist, mit den Öffnungen der Luftkammern nach oben. Alles kein Problem, total easy.

Das einige Problem beim Gleitschirmfliegen scheinen momentan die Schnüre zu sein. Rot ist oben und hält die Öffnungen der langen Röhren, durch die später die Luft strömt, offen. Danach kommen die grünen, anschließend

die blauen, jeweils drei- oder vierfach und dann die wichtigsten, die gelben Bändel. Die müssen auf jeden Fall passen, denn sie sind die sogenannten Bremsen. Was nichts anderes bedeutet, als dass sie die seitlichen Luftklappen zuziehen. Zu kompliziert? Marcus erklärt es geduldig auch ein drittes Mal.

Nachdem wir gute 15 Minuten lang die Bändel sortiert und vorsichtig angezogen haben, um nur ja nichts zu verheddern, zeigt Marcus die Profi-Variante. Einfach an den Schnüren rupfen, sodass sich der Schirm einmal kurz in die Lüfte erhebt, dann wieder nach unten fallen lassen und die Leinen sind ganz automatisch sortiert. Keine Frage, dass wir das nicht wagen. Schließlich könnte uns der Schirm einfach forttragen. Bis Südtirol, Rom, Sizilien, wer weiß? Immerhin hat Marcus schon zu Beginn des Kurses davor gewarnt, im Falle eines aufkommenden Sturmes zu fliegen: »Der Sog zieht euch, wenn ihr Pech habt, unerbittlich immer weiter nach oben.« »Wie weit denn?«, frage ich entsetzt. »Wenn es blöd läuft, auf 10000 Meter«, meint er allen Ernstes und mir schwebt eine Szene vor, die durchaus kurios ist. Im Flieger sitzend, auf dem Weg nach Südostasien, und plötzlich schwebt ein Gleitschirmflieger mit blümerantem Gesichtsausdruck an meinem Fenster vorbei. Das muss nicht sein. Felix und ich nehmen uns vor, bei Sturm auf jeden Fall am Boden zu bleiben.

Schon allein deshalb, da Marcus ohne jede Hemmung nun seine Erstkontakte mit Gleitschirmfliegern zum Besten gibt: »Der erste Gleitschirmflieger, den ich sah, war unser Postbote, der direkt vor unserem Haus aufgeschlagen ist. Kurz danach kam dann der Notarzt. Ein paar Jahre später stehe ich auf dem Campingplatz in Sizilien und plötzlich landet ein Gleitschirmflieger neben mir. Er war vom Ätna weggeflogen und sieben Stunden in der Luft gewesen.« Marcus war fasziniert und ist es immer noch. Er gerät so sehr ins Schwärmen, dass ich mir die eher profane Frage nach der Erledigung menschlicher Bedürfnisse im Rahmen eines siebenstündigen Fluges lieber versage.

Der Gleitschirm ist jetzt ausgebreitet und Felix schaut ein wenig skeptisch. »Schirm aufziehen«, gebietet Marcus und Felix zerrt an den Schnüren, die ihm der Ausbilder zuvor in die Hände gedrückt hat. Ein Rauschen, Luft füllt Ballonseide oder ähnliches Material, aus dem labbrigen Stoff bildet sich ein formschöner, bunter Gleitschirm und steigt herausfordernd in die Höhe. »Los, lass mich zeigen, was ich kann«, scheint er Felix zuzuraunen, doch der hat dafür keinen Sinn. Nichts fürchtet er mehr, als zu schnell abzuheben.

Schließlich erlaubt Marcus meinem Sohn, so richtig Gas zu geben und bergab zu laufen: »Den Oberkörper immer nach vorne strecken, das ist die richtig Position«, brüllt er ins Funkgerät. Felix rennt, so schnell er kann, verliert plötzlich den Boden unter den Füßen, schwebt ein paar Meter, kommt wieder auf, rennt weiter und hebt kurz noch einmal ab. Danach ist die Luft raus, im wahrsten Sinne des Wortes. Mit einem leichten Fauchen fällt der Schirm seitlich in sich zusammen.

Felix ist überglücklich. Schon allein deshalb, weil er so nahe am Boden geblieben ist. »Ich war sooooo froh, dass ich nicht gleich vier oder fünf Meter hoch geflogen bin«, sagt er. »Ich hatte richtig Angst, dass es noch weiter nach oben gehen würde.« So sieht er halt aus, der Traum vom Fliegen, wenn ihn andere als die Pioniere der Luftfahrt verwirklichen. Einen anderen Reiz dieses Sports hatte schon vor Jahren der Liedermacher und ehemalige Herzspezialist Georg Ringsgwandl propagiert: »Mountainbike fahrn, Gleitschirm fliagn, hoaße Weiber umananderziagn – alright«, dichtete er in seinem Song »Gaggerlfidel«, der auch ansonsten von Lebensweisheit zehrt. Tatsächlich ist auffällig, dass den Gleitschirmkurs ein ganz bestimmter Typus Frau gebucht hat: Cool, lebenslustig und risikobereit sind die beiden Mädels, die mit ihrem Charme der ansonsten aus Männern bestehenden Truppe ein wenig mehr Leben einhauchen. Die jetzt allerdings auch grummelnd im Gras sitzen, weil sie nach fünf, sechs Versuchen resignieren. Ihr Schirm öffnet sich zwar, sinkt aber jeweils rechts oder links der Pilotin spontan und zugegebenermaßen recht erbärmlich

in sich zusammen. »Das klappt nicht«, flucht die eine. »Ich mach Pause«, brummt die andere und erhält den wohlgemeinten männlichen Rat, doch bitte nicht so mädchenhaft zu sein. Es klappt, sie schmunzelt ein bisschen, startet kurz danach wieder und legt einen blitzsauberen Flug hin. Vielleicht sind Männer eben doch unersetzlich.

Felix hat am zweiten Tag ganz andere Probleme. Er fürchtet auch heute noch, viel zu hoch zu fliegen. Als der Wind kurz auffrischt, weist Marcus ausdrücklich darauf hin, dass es jetzt etwas höher hinausgehen könnte, dass aber dennoch das gleitschirmmäßige Besteigen des Flachdaches der etwas unterhalb liegenden Volksschule strikt verboten wäre – und dass wir auch die Bäume des kleinen Wäldchens vor uns rechts oder links zu umfliegen hätten. Sie merken sofort: Marcus traut uns inzwischen nicht nur zu, ein wenig höher zu fliegen, sondern auch noch, dem Gleitschirm die selbst gewählte Richtung vorzugeben. Das ist mehr, als wir selbst erwartet hätten.

Es ist herrlich, in solch einem Schirm zu hängen. Für kurze Zeit den Boden unter den Füßen zu verlieren, den Auftrieb zu spüren, der mich sofort fünf, sechs Meter in die Höhe katapultiert und davon träumen lässt, dass es noch viel weiter nach oben geht. Ikarus gleich in den Himmel zu steigen, nur nicht so weit, dass die Sonne die Flügel schmelzen lässt.

Doch zurück in die Realität. Ikarus ist abgestürzt, selbst schuld, er wurde rechtzeitig gewarnt, und wir werden erst gar nicht so hoch steigen. Immer wieder rennen wir den Übungshang hinunter und machen mal den einen, etwas kürzeren Hüpfer, mal den anderen kleinen Flug. Manchmal klappt beim Start wie bei den beiden Mädels der Schirm zusammen. Charmant, dass sie uns jeden Kommentar ersparen. Frauen sind vielleicht auch unersetzlich – selbst auf einer Vater-Sohn-Tour.

Typen wie Marcus sind gerne auch einmal allein unterwegs. Vor Kurzem ist er nach Nepal gereist, ins Gebiet der Annapurna. Auf den Achttausender ist er zwar nicht gestiegen, seinen Gleitschirm hatte er aber trotzdem dabei. Immer wenn sich ihm die Gelegenheit bot, hat er ihn ausgepackt, hat die Luft in die Kammern strömen und sich über eine unfassbare Landschaft tragen lassen. »Ich bin durch das Gleitschirmfliegen an Orten gewesen, von denen ich nie dachte, dass ich dort einmal hinkomme«, erzählt er.

Vielleicht ist es auch diese Erfahrung, die Felix mit leuchtenden Augen in sich aufnimmt, eine Erkenntnis, die ein Kind wachsen lässt. Dass Dinge möglich sind, die unmöglich scheinen, und dass es Menschen gibt, die völlig unerwartet den Beweis liefern, dass man das alles mit viel Willen und der Bereitschaft, sich selbst bis an seine Grenzen zu fordern, ebenfalls zustande bringen kann.

Felix hat nun den perfekten Start erwischt. Zwei, drei

Schritte, dann hebt er mit dem Schirm ab, fliegt zehn, 15 Meter hoch über der Wiese und hat nur einen einzigen Gedanken: »Wie komme ich da wieder runter?« So richtig kann er es noch immer nicht genießen, lautlos über der Erde zu schweben und zu erkennen, dass er diesmal alles richtig gemacht hat. Seine größte Angst: plötzlich weit hinaufzusteigen, über den Übungshügel hinweg und in Richtung Oberstaufen. Oder, noch schlimmer, in Richtung Brenner.

Doch alles geht gut. Ganz sanft setzt er auf und auch meine Landungen, die am Tag zuvor noch eher unorthodox ausfielen, sehen nun eleganter aus. Schade nur, dass ich den Flug selbst nicht so sehr genießen kann, wie ich das gerne würde. Das prickelnde Gefühl, nun endlich in der Luft zu sein, wird fast im gleichen Moment überlagert von meiner Sorge, alles richtig zu machen, um weiter oben zu bleiben, um möglichst hoch zu steigen und auszuprobieren, wie mir die Bremsen helfen können, den kleinsten Lufthauch auszunutzen.

Egal, unser zweitägiger Schnupperkurs ist auf jeden Fall

ein faszinierendes Erlebnis, an das wir uns noch lange erinnern werden. Wir sind auch froh, eine gute Flugschule gewählt zu haben. Bei vielen Schulen dauert der Schnupperkurs allenfalls zwei Stunden, wir dagegen hatten die Auswahl zwischen ein und zwei Tagen und würden jedem unbedingt die zweitägige Variante empfehlen. Sie ist stressfreier, außerdem bleibt genügend Zeit füreinander. Dafür, sich zwischen den Flügen auszutauschen, die richtige Position am Starthügel zu diskutieren, gemeinsam die Schnüre zu entflechten, abends zusammen ins Erlebnisbad mit Saunalandschaft zu gehen (das in der Gästekarte enthalten ist) oder bei einem gemütlichen Abendessen die Erlebnisse des Tages zu besprechen.

Sie spüren schon, wir haben Feuer gefangen. Ich sehe mich längst Anlauf nehmen und über die Hänge des Altmühltales gleiten, viel höher muss es gar nicht sein. Felix ist genauso begeistert: »Das machen wir auf jeden Fall weiter«, sagt er und ich beginne zu träumen. Von gemeinsamen Momenten an wildromantischen Hängen, von turbulenten Flugwochen auf den Kanaren und von Gleitschirmtagen, an denen Papa wichtiger ist als die Freundin. Nicht schmunzeln jetzt. Ich gestehe, manchmal sind Väter ganz einfach Fantasten.

»UND WIE KOMM ICH WIEDER RUNTER?«

■ ORT

Oberstaufen im Allgäu; mit dem Auto und öffentlichen Verkehrs-mitteln (Bahnhof) erreichbar.

■ VERANSTALTER

Flugschule Allgäu, Max-Ostheimer-Straße 4, 87534 Oberstaufen, Tel.: 08325/919015, www.flugschule-allgäu.com.

■ ÜBERNACHTUNG

Mondi-Holiday Hotel Oberstaufen, Malas 8-16, 87534 Ober-staufen, Tel.: 08386/7000, www.oberstaufen.mondiholiday.de. Gutes Familienhotel mit Apartments und opulentem Frühstücks-buffet. Neuer Wellness-Bereich, Fitnessraum und zwei Hallen-bäder inklusive.

Weitere Informationen: Oberstaufen Tourismus, Hugo-von-Königsegg-Straße 8, 87534 Oberstaufen, Tel.: 08386/9300-0, www.oberstaufen.de.

■ ESSEN

Ristorante Mediterraneo, Malas 8-16, 87534 Oberstaufen, Tel.: 08386/962502, www.mediterraneo-oberstaufen.de.

■ INSIDERTIPPS

Im Rahmen der Übernachtung erhalten Gäste die Oberstaufen Plus Card, die die freie Fahrt mit den Bergbahnen Hochgrat, Imberg und Hündle sowie auf der Sommerrodelbahn und den Eintritt in den Klettergarten und das Erlebnisbad Aquaria enthält. Für einige Golfplätze ist die Greenfee bereits enthalten.

■ AUSRÜSTUNG

Beim Schnupperkurs der Flugschule Allgäu ist die komplette Aus-rüstung mit Helm, Gleitschirm und Funkgerät im Preis enthalten. Ebenso die Theorieschulung und der Fluglehrer.

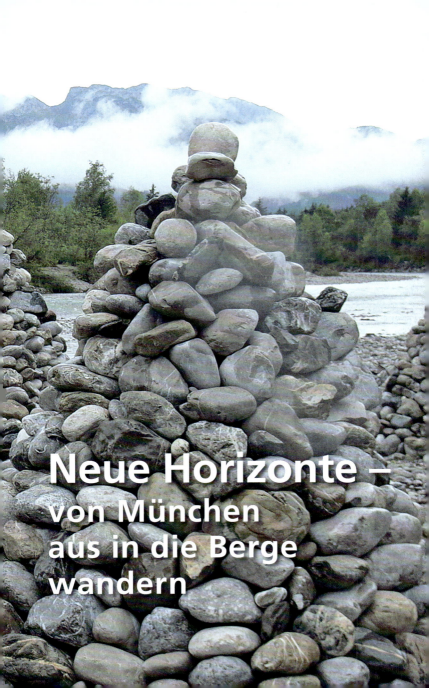

Neue Horizonte –
von München
aus in die Berge
wandern

Diese Tour ist ein Highlight. Sie führt vom Münchner Marienplatz aus zu Fuß in die Berge, aufs Brauneck. Man muss sie einfach mal gemacht haben. Schon allein deshalb, weil sie einen so schönen Startpunkt hat, weil sie so einfach und doch anstrengend ist und weil sie viel Zeit lässt für Gespräche. Vielleicht weckt sie auch den Traum, irgendwann über die Alpen zu wandern, vom Isar- zum Meeresstrand. Ein ganz großes Ziel. Vielleicht ist das Abenteuer aber auch, wie weit Vater und Sohn kräftemäßig gelangen oder wie sehr sie als Team zusammenpassen – und ob die Lust entsteht, den Weg weiter zusammen zu gehen. Sie meinen, das könnte auch im übertragenen Sinne zu verstehen sein? Gut möglich, dass ich jetzt ein bisschen lächle.

CHARAKTERISTIK
Leichte, aber lange Wanderung.
DAUER
3 Tage (Länge: 55 Kilometer).
ALTER
Ab 8 Jahre.
BESTE MONATE
Mai bis Oktober.

UMGEBUNG ★ ★ ★ ★
AUFWAND ★ ★ ★ ★
SPORTLICHER ANSPRUCH ★ ★ ★ ★
TEAMBUILDING ★ ★ ★ ★ ★

»Mir hat besonders gefallen, dass man so weit zu Fuß kommen kann und Papa und ich mal ganz anders miteinander gesprochen haben.«

Wenn Sie zu etwas wirklich Großem starten wollen, dann muss es in München sein. Selbst als Fremder atmet man an schönen Tagen einen Hauch des Lebensgefühles dieser Stadt. Glauben Sie nicht? Dann gehen Sie in den Englischen Garten, steigen auf den Monopteros, setzen sich auf die Stufen und kramen den alten Song der Spider Murphy Gang aus dem Gedächtnis: »Sommer in der Stadt«. Spätestens jetzt wissen Sie, was ich meine.

Dann aber geht es los. Packen Sie die Rucksäcke auf die Schultern und ab an den Marienplatz. Die Mariensäule ist der Startpunkt, Alternativen gibt es nicht. Wer Erinnerungen an ein besonderes Erlebnis sammeln will, braucht einprägsame Start- und Endpunkte wie eben die Mariensäule – die übrigens der zentrale Vermessungspunkt aller Autobahnkilometer nach München ist. Irgendein beliebiger Parkplatz an der Isar wäre das nicht.

Früh loszugehen lohnt sich. Wenn Sie um elf Uhr oder gar eine Stunde später das Glockenspiel hören und den Schäfflertanz der Figuren im Rathausturm sehen, haben Sie eigentlich verspielt. Zu diesem Zeitpunkt sollten Sie längst unterwegs sein. Nicht umsonst sagt eine alte Wandererweisheit: »Alles, was du nicht vormittags geschafft hast, kannst du vergessen.« Zum einen ist das Wetter nachmittags meist

unbeständiger, zum anderen ist eine zeitige Ankunft am Zielort dringend notwendig, damit die geplagten Füße genügend Zeit haben zu regenerieren. Ein Tipp auch zum Gepäck: Nehmen Sie nur das Allernotwendigste mit. Wenn Ihre Frau also womöglich meint, Ihr Sohn müsste doch jeden Tag frische Wandersocken haben, greifen Sie beherzt ein. Ein »Mann« kann Stinkesocken problemlos mehrfach anziehen. Bleibende Schäden ausgeschlossen. »Frische Socken müffeln doch eh gleich wieder«, meint Felix. Recht hat er.

Grundsätzlich ist diese Tour von München auf das Brauneck, oberhalb von Lenggries, das erste Teilstück einer ganz gewaltigen Bergtour: des München-Venedig-Weitwanderweges über 554 Kilometer. Als Vater-Sohn-Abenteuer ist die Etappe bis aufs Brauneck ideal. Die Wege sind breit und Sie haben nun drei Tage lang genügend Zeit, sich auszutauschen. Das tut nicht nur Ihrem Sohn gut, sondern dauert auch genau so lange, dass eine gewisse Innigkeit entsteht. Felix und ich haben am ersten Tag eher Nebensächliches oder Alltägliches besprochen, am zweiten dann tiefer gehende Themen. Während Felix vor allem von seinen

Erlebnissen im Alltag berichtet hat, konnte ich ihn an meinen Erinnerungen an die Schulzeit, an alte Freundinnen, Tanzkurse und all die Splitter der eigenen Vergangenheit, die meist unerzählt blieben, teilhaben lassen. Sie werden überrascht feststellen, dass Sie sich teils neu kennenlernen und spätestens am dritten Tag viel lockerer miteinander umgehen: wie Kumpels fast.

Was nichts daran ändert, dass es am ersten Tag ein fixes Ziel gibt: das Kloster Schäftlarn. Eine Strecke, die vom Marienplatz aus gut 22 Kilometer lang ist und nicht unterschätzt werden sollte. Eigentlich müsste sie in knapp fünf Stunden zu laufen sein. Aber wer wandert schon, ohne zu fotografieren, ohne stehen zu bleiben und die Landschaft zu bewundern – und ignoriert all die schönen Biergärten auf der Strecke?

Die Wanderroute ist faszinierend. Sie führt vom menschenüberfüllten Marienplatz, an der Heilig-Geist-Kirche vorbei, in die Straße »Tal«, durch das Verkehrschaos mit Autos, Bussen und Straßenbahnen am Isartor und dann immer geradeaus in Richtung Deutsches Museum. Etwas genervt von all den Menschen, die am Vortag des Oktoberfest-Beginns die Stadt bevölkern, biegen Felix und ich nach der Ludwigsbrücke rechts an die Isar ab. Dabei passieren wir die Museum-Lichtspiele, ein Kino, in dem seit meinen Jugendtagen regelmäßig die »Rocky Horror Picture Show« in einem extra dafür dekorierten Saal läuft. Felix ist amüsiert, wie frivol uns der Film damals erschien und dass wir kostümiert ins Kino gingen, mit Wasserpistolen spritzten und Toilettenpapierrollen warfen. »Ganz schön beknackt«, rückt er ungerührt meine sentimentalen Erinnerungen zurecht. Und lacht, als er meinen entrüsteten Blick sieht.

Eigentlich verlassen Sie bereits jetzt die Großstadt. Die soeben noch dominierenden Verkehrsgeräusche treten in den Hintergrund, Vogelgezwitscher und das Rauschen der Isar sind unsere neuen Begleiter. Reizvoll ist aber auch, dass wir nun von München aus bis zur Bergbahn in Lenggries fast ausschließlich auf Wanderwegen gehen werden.

Nach einiger Zeit laufen wir am Tierpark Hellabrunn vorbei und bewundern über den Zaun hinweg Ziegen und Rehe. Viel faszinierender ist für Felix aber die Isar selbst. Immer wieder bleiben wir stehen und probieren, wie weit sich die Steine über das Wasser flippen lassen. Entspannen Sie sich und machen Sie mit.

So richtig hatte Felix ja keine Lust, in Richtung Berge zu laufen. Doch es ist wie immer, wenn wir wandern gehen: Das Loslaufen ist für ihn das Schwierigste – und dann macht es ihm doch Spaß. »Gar nicht so schlecht«, gibt er nach kurzer Zeit grinsend zu. Dabei ist das Wetter mäßig. Anstelle des versprochenen Sonnenscheins sind wir froh, dass es immerhin nicht regnet. Absolut faszinierend ist für Felix, dass die Isar in den vergangenen Jahren renaturiert wurde. Dort, wo der Fluss vor nicht allzu langer Zeit noch relativ gerade in Richtung Norden floss, sind rechts und links der Isar Biotope, Seitenarme und Buchten entstanden. Beeindruckend ist für Felix aber auch, wie tief sich die Isar ein paar Kilometer außerhalb der Stadt in die Landschaft eingegraben hat. Rechts und links ziehen sich die Hänge, an denen an schönen Tagen Mountainbiker auf abenteuerliche Weise unterwegs sind, gut 20 Meter hoch.

Nach knapp drei Stunden erreichen wir die Großhesseloher Brücke und wechseln zum anderen Isarufer. Schon jetzt ist klar, dass wir die fünf Stunden Gehzeit nicht einhalten werden. Doch der Ausblick von hier oben ist beeindruckend. Nehmen Sie sich ein wenig Zeit, um auf die Stadt zurückzuschauen – ganz schön weit entfernt scheint sie schon zu sein. »Seltsam, wie schnell man zu Fuß ist«, staunt Felix. Eine Erkenntnis, die ich schweigend genieße. Ein Fußweg von mehr als 100 Metern ist für ihn gemeinhin eine Zumutung.

Sollte bereits jetzt der Magen knurren oder sich das Bild eines kühlen Weißbieres nicht mehr aus dem Kopf scheuchen lassen: Der gemütliche Biergarten der Waldwirtschaft in Großhesselohe wäre eine Lösung. Ihre Kalkulation mit fünf Stunden Wanderzeit können Sie dann allerdings endgültig vergessen. Egal, es geht um gemeinsame Zeit, nicht um ein Wettrennen. Und manchmal müssen Männer ja auch unvernünftig sein.

Der Weg führt nun häufig durch den Wald, was bei sommerlicher Hitze sehr angenehm ist oder im anderen Extremfall vor Regen schützt. Zwischendurch geben die Bäume immer wieder einen Blick auf die Isar frei, den zuverlässigsten Anhaltspunkt, auf dem richtigen Weg zu sein. Trotzdem schön, wenn dann irgendwann das Kloster Schäftlarn in Sicht kommt. Für den ersten Tag ist diese Strecke völlig ausreichend. Auch wenn Ludwig Graßler, der Erfinder des München-Venedig-Weges, gleich bis Wolfratshausen durchmarschiert. Wir aber wollen gar nicht so schnell vorankommen. Wir wollen gemeinsam Zeit verbringen und da bietet sich die Übernachtung im Klosterbräustüberl an. Jetzt eine schöne Brotzeit oder eine Haxn, sich austauschen über die Erlebnisse des Tages und dann nicht zu spät ins Bett – morgen geht es früh los.

Falls Sie am nächsten Tag aufwachen und sich vor Schmerzen kaum bewegen können, sind Sie beim ersten großen Thema dieses Weges angekommen: dem Durchhalten. Spätestens heute wird Ihnen klar, dass Sie nicht mehr der Jüngste sind – und Ihrem Sohn weit unterlegen. Es ist ein Riesenspaß für Ihren Filius, wenn Sie sich ob Ihres Muskelkaters ächzend, schimpfend und jammernd aus dem Bett schälen, behaupten, dass Sie heute keinen Schritt laufen können, und er, einer jungen Gämse gleich, mühelos um Sie herumspringt. Vielleicht ist das auch genau der richtige Zeitpunkt, Ihrem Sohn etwas fürs Leben mitzugeben: »Aufgeben gibt's nicht.« Schon allein aufgrund der Schmach, die eine Kapitulation nach sich ziehen würde. Langsam frage ich mich, wem diese Tour tatsächlich etwas bringen soll: meinem Sohn, uns beiden – oder gar mir?

Leicht humpelnd geht es auf die gut sechsstündige zweite Etappe nach Geretsried. Wir folgen der Hauptstraße in Richtung Gasthaus Zum Bruckenfischer und bleiben erst einmal an den Schautafeln stehen, die den einstigen Sinn des Isarkanals als Transportweg für Baumstämme erklä-

ren. Ein paar Schritte weiter steigen wir rechts neben der Wirtschaft den Isardamm hinauf und es dauert keine zehn Minuten, bis sich der heutige Zweck der Flöße offenbart: Bier zu transportieren. Teils in Fässern, teils ganz erheblich aber auch in den Menschen, die auf den Flößen sitzen und feiern. Sie essen Leberkäse und Brezn, genießen die Blasmusik an Bord und prosten uns Wanderern zu.

Der Weg auf dem Damm ist gerade und teilt sich erst wieder am Ickinger Wehr. Inzwischen hat sich auch meine Muskulatur wieder an das Laufen mit dem Rucksack gewöhnt. Sie schmerzt fast gar nicht mehr. Das Wehr ist schon allein deshalb ein prägnanter Punkt, da Sie sich hier entscheiden müssen: entweder rechts über die Isar direkt nach Wolfratshausen und mitten durch den Ort in Richtung Geretsried. Oder geradeaus, hinein in das Naturschutzgebiet der Pupplinger Au und in Richtung des Gasthofes Aujäger.

Da Felix und ich inzwischen schon so entwöhnt sind von Verkehr und Hektik – erstaunlich, wie schnell das geht –, verzichten wir gerne darauf, durch Wolfratshausen zu

schlendern. Die Natur bietet viel mehr. Mal eine Alpenblume, deren Samen aus den Bergen bis hierher getragen wurde, mal erstaunliche, gut zwei Meter hohe Sanddünen am Isarstrand oder auch nur die Aufkleber auf den Wanderwegweisern, die uns daran erinnern, dass wir ein Stück des München-Venedig-Weges laufen. Wir folgen daher der Straße nach dem Ickinger Wehr noch ein paar Meter, dann biegt rechts ein Weg ab, der direkt an die Isar und am Fluss entlang in Richtung Süden führt.

Weil wir natürlich schlauer sind als unsere Wanderkarte, schlagen wir uns mitunter durch dichtes Gebüsch. »Fast wie im Urwald«, brummt Felix und dringt dann doch energisch darauf, auf den regulären Wegen zu gehen: »Warum kannst du eigentlich nie etwas normal machen?«

Die Pupplinger Au ist ein Auwald und ein Teil des Naturschutzgebietes Isarauen zwischen Schäftlarn und Bad Tölz. Dennoch ist dieser Bereich ein gerne genutztes Naherholungsgebiet für die umliegende Bevölkerung und vor allem für die Münchner. Es gibt – illegale, aber geduldete – FKK-Bereiche, Ranger sorgen dafür, dass in den Sommermonaten kein Feuer gemacht wird und dass die als Vogelschutzbereich gekennzeichneten Inseln nicht betreten werden.

Gute eineinhalb Stunden nach dem Ickinger Wehr sind wir an der Isarbrücke nach Wolfratshausen. Wir queren die Isar, steigen kurz nach der Brücke wieder links nach unten und folgen dem Fluss auf guten Wanderwegen, bis wir Wolfratshausen, das rechts von uns liegt, endgültig hinter uns lassen. Nach einem Rechtsschwenk stehen wir erneut vor einer schmalen Brücke, diesmal über den Loisach-Isar-Kanal, und sind damit zurückgekehrt auf die Originalroute des München-Venedig-Wanderweges. Rund zweieinhalb

Stunden durch eine teils wildromantische Flusslandschaft sind es nun noch bis zu unserem Tagesziel Geretsried.

Die Privatzimmer in Geretsried sollten lange im Voraus gebucht werden. Sie liegen ideal, da sie nur ein paar Hundert Meter vom Wanderweg entfernt sind. Falls Sie nach der zweiten Etappe völlig fertig sind: Grämen Sie sich nicht, Sie sind nicht die Einzigen. Viele potenzielle Venedig-Wanderer geben bereits nach dieser oder ihrer nächsten Etappe, in Bad Tölz, auf. Teils, weil sie nicht richtig vorbereitet sind, teils, weil sie zu viel Gepäck dabeihaben (mehr als sechs bis sieben Kilo sollten es bei Ihnen als Kurzwanderer nicht sein) oder weil sie ihre Füße nicht pflegen. Daher ein kleiner Tipp: Fußbalsam, jeden Morgen und jeden Abend. Falls auch das nichts mehr hilft, dämpft ein schönes Weißbier am Abend einen Teil des Schmerzes – und lenkt zu den Gedanken, die eigentlich zu dieser Tour führten. Gemeinsam mit dem eigenen Sohn unterwegs zu sein. Wenn der Ihnen jetzt übrigens seine Fitness beweisen und eventuell mit Ihnen Fußball spielen will, haben Sie die Wahl. Entweder stellen Sie sich der Realität und geben zu, einfach nicht mehr zu können, oder Sie sind unerbittlich gegenüber sich selbst und halten damit die Illusion eines unbezwingbaren Vorbildes aufrecht. Zumindest noch eine Zeit lang.

Wir sind ein wenig traurig, als wir am nächsten Tag zu unserer letzten, mindestens achtstündigen Etappe aufbrechen. Vor allem ich selbst habe viel erzählt in den vergangenen Tagen und Felix hat aufmerksam zugehört. Viel intensiver als sonst, schließlich lenkt nichts von unseren Gesprächen ab, nichts eilt, wir sind einfach nur ohne jeden Zeitdruck zusammen unterwegs. Ein bisschen ist genau das gelungen, was ich erhofft hatte. Ich kann in diesen Tagen auch in seine Welt eindringen, in die Gedanken, die einen pubertierenden Jungen beschäftigen – und damit selbst ein bisschen zurückblicken auf meine eigene Kindheit. Auch wenn sich die Schwerpunkte vor allem durch das Internet und die Spielkonsolen doch ganz gewaltig verändert haben. Einer der schönsten Abschnitte des letzten Tages unserer Wanderung beginnt, sobald wir an der Isar sind: der sogenannte Malerwinkel, den wir über steile Holztreppen erreichen. Der Ausblick auf die Isar und die Berge, die sich nun majestätisch aus dem Morgendunst erheben, begeistert auch Felix. Gut, dass hier eine Bank steht und wir daher schweigend die grandiose Aussicht genießen können. Vor dem Zweiten Weltkrieg lockte diese Stelle regelmäßig Maler an, wodurch sie ihren romantischen Namen erhielt. Heute ist sie ein schlichter Aussichtspunkt mit einem nach wie vor spektakulären Panorama.

Abwechslungsreich wird die Strecke, wenn Sie nun den Weg über Rimslrain nehmen. Beim Schild, das den »Flusskilometer 193« anzeigt, biegen Sie rechts ab. Sie folgen der bald auftauchenden Straße nach links und nach ein paar Hundert Metern gehen Sie an der Abzweigung nach Rimslrain und Fiecht in Richtung Isarstausee. Wenn Sie sich nun fragen, warum Sie, anstatt auf dem Wanderweg zu bleiben, die Straße nehmen sollten, sei nur so viel verraten: Sie erblicken bei schönem Wetter ein Alpenpanorama, das atemberaubend ist.

Spätestens jetzt wird Ihnen auch klar, wie weit Sie bereits gelaufen sind. Wie schnell die Berge von einer Großstadt wie München aus zu erreichen sind. Wie fantastisch es ist, zu spüren, dass es möglich ist, solche Distanzen auch zu Fuß zu bewältigen. Vor allem für Jungs, die es meist nicht mehr gewohnt sind, weitere Strecken zu gehen, die irritiert den Erzählungen der Großeltern lauschen, wenn die sich erinnern, auf dem Schulweg eine Stunde durch Schneewehen in den Unterricht gelaufen zu sein.

Knapp zwei Stunden sind es von hier aus bis Bad Tölz. Es ist ein seltsamer Moment, wieder in die Nähe einer Stadt zu kommen, mit ihren vielen Menschen, den Plakaten und Werbetafeln für all die Dinge, die Felix und ich in den vergangenen drei Tagen nicht gebraucht haben.

Es ist ein wirklich langer Tag, der einiges an Kondition erfordert. Denn nun laufen wir noch gut zweieinhalb Stunden die Isar entlang in Richtung Lenggries. Ein flaches Schwemmgebiet, das ein bisschen wie eine Tundra anmutet, und dahinter das Brauneck. Es ist aufregend, dem Berg nun so erstaunlich schnell immer näher zu kommen. »Schau, da ist die Seilbahn«, ruft Felix und wir beobachten, wie die Gondel langsam nach oben schwebt. Auch unsere Wanderung wird mit einer Gondelfahrt auf den Berg enden. Felix' Augen leuchten, Seilbahn fahren ist auch für ihn noch spannend. Ein paar Minuten geradeaus durch den Ort, dann deutet am ersten Kreisel bereits ein Schild auf die nahe Bergbahn hin. Immer deutlicher sehen wir bei der Fahrt nach oben, wo wir in den vergangenen Tagen gelaufen sind. Entlang der erstaunlich vielen Schlaufen der Isar, vorbei an Sanddünen und dichten Wäldern. Immer zu zweit und inmitten der Natur.

Eine gute halbe Stunde später stehen wir weit oben auf der Terrasse des Brauneck-Gipfelhauses, blicken über die Landschaft zu unseren Füßen und lassen die vergangenen Tage noch einmal in Gedanken vorbeiziehen. Sie waren wichtig für unsere Vater-Sohn-Beziehung, es war eine Auszeit nur zu zweit, geprägt von Harmonie und Innigkeit. Es waren Lehrstunden auch für mich, Lehrstunden in Sachen Zähigkeit, Disziplin und Leidensfähigkeit. Vor allem aber habe ich Felix näherbringen können, dass er zu weit mehr fähig ist, als er sich selbst bisher zugetraut hat. Wer von München aus in die Berge laufen kann, der kann auch über glühende Kohlen gehen, auf die Zugspitze steigen – oder durch enge Höhlen klettern. Vielleicht ist es eine Botschaft, die Felix für sein ganzes Leben verinnerlicht: »Bleib in Bewegung, dann steht dir die ganze Welt offen.« Im besten Falle tun sich ihm hier oben, auf dem Brauneck, auf gut 1500 Metern, neue Horizonte auf: der Wille, offen zu sein für Neues, Grenzen zu überwinden und Fremdem aufgeschlossen entgegenzublicken. Vielleicht bietet dieser Moment, gepaart mit dem Blick auf die rauen Zacken des Karwendelgebirges, Ihrem Sohn eine Option – auf weitere 31 Kapitel dieser Wanderung in Richtung Venedig. Es wird vor allem für Sie spannend, was er damit anfangen wird.

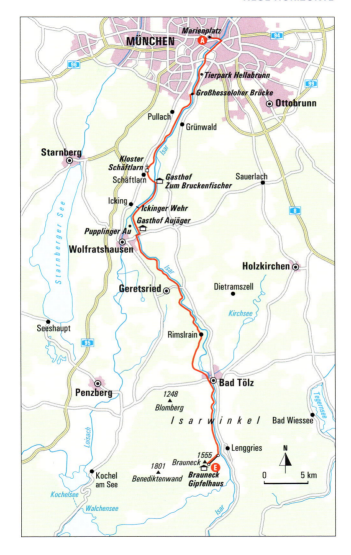

NEUE HORIZONTE

■ AUSGANGSPUNKT

München, Mariensäule. Unbedingt mit öffentlichen Verkehrsmitteln (Zug, U-Bahn) planen.

■ ENDPUNKT

Brauneck-Gipfelhaus. Von dort aus mit der Seilbahn wieder nach Lenggries und per Bahn zurück.

Wer die Tour ausbauen möchte, kann nach einer weiteren Übernachtung auch in einer Tagestour über die Tutzinger Hütte und Arzbach zu den Bahnhöfen Bad Tölz oder Lenggries wandern.

■ ÜBERNACHTUNG

1. Etappe: Klosterbräustüberl Schäftlarn, Kloster Schäftlarn 16, 82067 Ebenhausen, Tel.: 08178/3694, www.klosterbraeustueberl-schaeftlarn.de.
2. Etappe: Berta & Franz Freismuth, Lausitzer Straße 24, 82538 Geretsried, Tel.: 08171/31745. Weitere Informationen: Fremdenverkehrsamt Geretsried, Tel.: 08171/629887.

■ ESSEN

1. Etappe, unterwegs: Waldwirtschaft, Georg-Kalbs-Straße 3, 82049 München, Tel.: 089/7499403, www.waldwirtschaft.de; abends: Klosterstüberl Schäftlarn.
2. Etappe, unterwegs: Gasthof Aujäger bei Wolfratshausen, Austraße 4, 82544 Puppling, Tel.: 08171/78556, www.aujaeger-puppling.de; abends: Asien Perle Geretsried, Jeschkenstraße 28, 82538 Geretsried, Tel.: 08171/4819288, www.asienperle-geretsried.de.
3. Etappe, unterwegs: etliche Metzgereien oder Gaststätten in Bad Tölz; abends: Brauneck-Gipfelhaus, Brauneck 1, 83661 Lenggries, Tel.: 08042/8786, www.brauneckgipfelhaus.de (auch Übernachtungen sind möglich).

■ INSIDERTIPPS

Nehmen Sie gegen den Muskelkater vor dem Abmarsch Magnesium (als Sprudeltablette oder Pulver) ein. Am besten auch während des Wanderns morgens und abends.

■ AUSRÜSTUNG

Wanderbekleidung, evtl. Stöcke, unbedingt hochwertige Regenjacken und -hosen; Müsliriegel als Notproviant, Wasserflaschen.

Man sollte auch einen aktuellen Wanderführer und/oder -karten einpacken (z.B. »München–Venedig« von Dirk Steuerwald, Stephan Baur, Vera Biehl (Rother) bzw. die KOMPASS-Karten 180, Starnberger See, Ammersee und 182, Isarwinkel, Bad Tölz).

Wer sich einen Eindruck von den Erlebnissen auf einer München-Venedig-Wanderung machen will, dem empfehle ich mein Buch »Mit zwei Elefanten über die Alpen«.

Hinweis: Die Angaben zu Alter und Schwierigkeit der Touren basieren auf einer subjektiven Einschätzung. Wie Sie wissen, unterscheiden sich Kinder jedoch in ihrer Leistungsfähigkeit, Größe und ihrem Entwicklungsstand trotz gleichen Alters teilweise gravierend. Bitte prüfen und beurteilen Sie selbstverantwortlich, welche Tour für Ihr Kind oder Sie selbst geeignet ist. Die Benutzung dieses Buches geschieht auf eigenes Risiko.

Die in diesem Buch enthaltenen Informationen wurden nach bestem Wissen erstellt und mit größtmöglicher Sorgfalt vom Autor und dem Verlag überprüft. Dennoch sind, wie wir im Sinne des Produkthaftungsrechtes betonen müssen, inhaltliche Fehler nicht mit letzter Gewissheit auszuschließen. Daher erfolgen die Angaben ohne jegliche Verpflichtung oder Garantie des Autors und des Verlags, die keinerlei Haftung im Falle von Unstimmigkeiten übernehmen.

Das enthaltene Kartenmaterial dient lediglich der Orientierung und ersetzt keine detailgetreuen Wander- und Landkarten.

Meinen Jungs Felix und Lukas

© 2014 F.A. Herbig Verlagsbuchhandlung GmbH, München
Alle Rechte vorbehalten.
Umschlag: Wolfgang Heinzel
Fotos: Sibylle und Gerhard von Kapff
Karten: Eckehard Radehose, Schliersee
Gesetzt aus: 9,5/13 pt. Frutiger LT Pro
Satz und Layout: Frank Kreyssig – Mediengestaltung
Reproduktionen: Heartwork-Media, Germering
Druck und Binden: Polygraf Print, Presov, Slowakei
Printed in the EU
ISBN 978-3-7243-1052-5

Terra magica ist seit 1948 eine international geschützte Handelsmarke des Belser Reich Verlags AG.

Auch als

Besuchen Sie uns im Internet unter www.terramagica.de

Dank

Herzlichen Dank meiner Frau Sibylle. Ohne ihre redaktionelle Mitarbeit wäre dieses Buch nicht möglich gewesen. Dank natürlich auch an meine Jungs. Von manchem Abenteuer wart ihr wohl erst im Nachhinein so richtig begeistert. Ich hoffe so sehr, dass jede unserer Touren ein unsichtbares Band zwischen uns gewoben hat. Und dass ihr erkannt habt, dass ich für euch nicht nur Vater, sondern auch der zuverlässigste Kumpel sein will, den es gibt.

Großen Dank auch meiner Lektorin Verena Pritschow. Mit einem Menschen wie ihr arbeitet man gerne zusammen. Ein kleiner Knicks auch vor dem Artdirector Wolfgang Heinzel, der bei Terra Magica für die optische Gestaltung der Bücher zuständig ist.

Vielen Dank auch an den Schriftsteller Richard Auer für seine wertvollen Tipps, seine Anregungen und seine Begeisterung für die Idee dieses Buches.

Herzlichen Dank für die Unterstützung mit Ausrüstung an Marcus Piecker und Jack Wolfskin. Bei all jenen, die uns bei den Touren geholfen haben, möchte ich mich ebenfalls bedanken. Wie bei jedem Abenteuer haben wir ganz besondere Menschen kennengelernt.

Falls ich jemanden vergessen habe, war das keine Absicht.

Ach, noch etwas: Das Leben muss nicht langweilig sein. Nicht in Deutschland und schon gar nicht in Bayern: Die Abenteuer warten vor der Haustüre.